KANT

Jaromír Čejka

STOPY

Stopy věcí, stopy míst, stopy situací.
Stopy v paměti. Stopy času.
Stopy v nás.

TRACES

Traces of things, traces of places, traces of situations.
Traces in memory. Traces of time.
Traces within us.

PODĚKOVÁNÍ

Michalu Janatovi za nakopnutí, abych zkusil vydat monografii.
Jano Rečovi v těžkých začátcích výběru, kdy sestavil první soubor, který se pak stal základem pro pozdější práci s výběrem a řazením fotografií.
Jiřímu Růžkovi za perfektní tisky všech fotografií, které pomohly při řazení a konečné sestavě v reálné velikosti.
Manželům Hrabalovým za odborné konzultace a finanční příspěvek.
Janu Zikmundovi za cenné odborné konzultace.
Alici Flesarové za spontání názor vyjádřený i graficky textem mailu – chvíle, kdy jsem uvěřil, že kniha drží pohromadě a tvoří celek i při své nesourodosti témat a významů. „Že to tam je." Zásadně pomohla výběr a řazení dokončit.
Jaromíru Typltovi za zprostředkování s nakladatelstvím KANT a za dlouhodobou těsnou spolupráci.
Vladimíru Vimrovi za grafickou úpravu knihy a za skvělý nápad s výběrem fotografie na titul.
Karlu Kerlickému za ochotu knihu vydat a za naprosto profesionální spolupráci při výrobě a opravách mých častých přehmatů.

A nakonec mé rodině za dlouhodobou psychickou podporu. Mé ženě Miladě navíc za práci s archivem negativů.
Synům Janovi a Filipovi za pomoc při všem, co bych sám těžko zvládal.

„Ta touha vrátit se tam,
kde jsme nikdy nebyli.“
Ivan Blatný

“The yearning to return
to where we have never been.”
Ivan Blatný

„Věci dělají z člověka,
co on dělá z nich.“
Viktor Šklovskij, Zoo

“Things make of a man whatever
he makes from them.”
Victor Shklovsky, Zoo

Zobrazení času, jehož pohyb by byl bez prostorového vjemu nevnímatelný Fotografie Jaromíra Čejky

Fotografie dokumentuje sama sebe. Nemá žádný korelát zakotvený v realitě. Skutečnost je příliš složitá na to, aby dovolila korespondenci mezi sebou a fotografií. Fotografie není „obraz" reality či dokonce, jak se mechanisticky říká, její otisk. Fotografie je, podobně jako grafika či malba, především znaková kompozice. Je to kód určený k rozluštění divákem. Vyostřeně a nadneseně řečeno je fotografie sama sebou a nepotřebuje k tomu žádnou skutečnost, která by předstírala, že je identická s fotografií. Fotograf vytváří události. Událost má svoji dynamiku zcela autonomní vůči fotografii a nelze ji transformovat v dvojrozměrný obraz. A přesto je obsahem fotografie skutečnost, nikoli obecně realita, ale skutečnost vidění autora fotografií. Fotografie Jaromíra Čejky jsou kompozičním dialogem se skutečností. Jsou výsledkem hledání vhodné kompozice náležející situaci, v níž se skutečnost pro oči autora mění ve fyziognomii sebe samé.

Fotografie by se okrádala o svou estetiku, kdyby se vzdala své autonomie vůči skutečnosti. Fotografie totiž je sama o sobě skutečností, a to plně autonomní. Teprve tato míra autonomie dělá z fotografa autora. A to výsostně platí právě pro dílo Jaromíra Čejky.

Jeho kompozice nejsou jen interpretací skutečnosti, neboť jsou rovněž výsledkem recepce umělecky směrodatných fotografií a jedinečným uchopením všeho, čemu autor vtiskne podobu skutečnosti. Fotografie má znakovou povahu, je způsobem, jak skutečnost zobrazit jako fyziognomii, tedy jako soustavu znaků, které zprostředkovaně odkazují na skutečnost.

Zatímco o člověku můžeme říci, že má svou vlastní fyziognomii, o přírodě i o kulturních artefaktech, k nimž patří i krajina, dotčená rukou člověka, to můžeme tvrdit jen v odvozeném smyslu. Fotografie Jaromíra Čejky jsou vizuálním záznamem fyziognomie v nejširším slova smyslu. Jsou metaforou a zároveň symbolem různých situací. Co prozrazuje tvář brankáře, chyceného objektivem do sítě? Tato Čejkova fotka je pozoruhodnou metaforou perspektivismu, protože úlohou brankáře je chytat míč před brankou a ne se sám chytit do sítě, do níž ho zapletl okamžik stisknutí spouště. Ale právě to je rolí fotografa.

Čejkovu tendenci k obrazovému symbolismu krásně ilustruje fotografie dvojice kráčející soutěskami lešení. Dvojice se vynořuje z temna užší části perspektivně se rozšiřující ulice. Sama o sobě banální situace se fotografickým gestem autora proměňuje v událost. Není to realita. Na tu ji povyšuje až autorský zásah do ní. Autor nefotí, ale vytváří konstelace, jež jsou pro neautory skryté kvůli jejich automatismu vnímání. Bizarní dřevěný vozík asistuje dřevěné „vývěsce" s výčtem masných produktů. To je soustava znaků, která odkazuje na skutečnost.

Nebo další příklad: Muž s cigaretou v zajetí dřevěných palet stojí mimo osu kompozice. Tato vizuální excentricita vytváří napětí, neboť bychom automaticky očekávali muže s cigaretou v ohnisku kompozice. Posunutím ohniska mimo osu se kompozice stává zajímavou. Tato poziční hra subverzivně ničí očekávání našich zrakových smyslů.

Čejkův symbolismus kondenzuje několik typických prvků do celku, který vypovídá o tehdejší přítomnosti. Masivní stěna, která vyúsťuje v bizarní skrumáž kovových hrotů, postupně odhaluje podnikatelský stavební nevkus devadesátých let minulého století. Kýč snoubící se s křečovitou obranou vůči svému okolí, co může být charakterističtější pro rodící se pseudokapitalismus v Čechách, kdy se demokracie postupně stávala fasádou státu, který se nedokázal vymanit z osidel komunismu? To je působivé svědectví doby, která neměla ponětí o tom, v co se chtěla transformovat.

Událostní fotografie Jaromíra Čejky jsou jakousi časovou spojnicí uzlových okamžiků dějin s každodenností – přítomnost okupačních vojsk v roce 1968 a komunistická festivita prvních májů s pouťovými mávátky i prapory s dlouhou žerdí, každodennost dezolátní ekonomiky, v níž ženy uchvacují nedostatkové zboží (fotografie ženy, která navlékla na šňůru role toaletních papírů), aby přežily mizérii režimu, vzepětí ke svobodě v roce 1989 (pozoruhodná fotografie nesčetných hlav slitých do jednoho moře lidských nadějí), ruce pozdvižené k adoraci prezidenta Slovenského štátu.

Dosud byl znám z jeho tvorby především cyklus Jižní Město, který vyšel knižně. Monstrózní sídliště, které bylo urbanistickou laboratoří nejkrutějšího společenského experimentu, který stál mnoho milionů životů po celém světě. „Jižák" byl ale nejen pouští, ale také srdcem vzdoru. Jižák – Lesík Hajdovský, respektive manželé Hajdovští a Gärtnerovi, Klub Opatov a slavný koncert Nico v roce 1985. V poušti začaly kvést růže.

Čejka nefotografoval jen pustotu Jižního Města, ale i pustotu historické Prahy – symbolicky prázdná poštovní schránka s vyvrácenými dvířky. Zvonky bez uvedení jmen. Lavička připoutaná ke kanálu. Utahaná ubohost i dalších českých měst: zanedbaný Žamberk s nápisem Socialismus zvítězil. Absurdnosti raného pseudokapitalismu: Kůň zapřažený do půlky Trabantu. Kompozičně virtuózní fotografie poutače na Mattoni s přesně vykreslenou linkou obrysu krajiny. Ale i povzbudivé stránky rodící se demokracie. Vztyčení hrobové desky na židovském hřbitově. Zajímavé jsou i fotografie vesnických obydlí. Geometrické poskládání hmot domu v obci Pravice. „Landartové" fotografie, jako je krajina u Chebu rozježená jehlany hraničních zátarasů.

Jaromír Čejka pracuje i s časem, což je ve fotografii spíše výjimka. Železniční koleje na Rujáně ubíhají do pozadí obrazu. Rozestup kolejí se zužuje, a tím může divák vnímat časovou dimenzi prostoru. V popředí jsou hlavy sledující mizející koleje. Jejich prostřednictvím vnímáme pohyb. To, co bylo před chvílí v místech nejužšího rozponu kolejí, je nyní v popředí. Je to neabstraktní, obrazově silné zobrazení času, jehož pohyb by byl bez prostorového vjemu nevnímatelný.

V této knize se dostává čtenářům výběr z fotografických děl Jaromíra Čejky, z něhož je patrná šíře nejen žánrová, ale i tematická. Takže zbývá se na fotky dívat, dlouze je pozorovat a dávat se nést jejich formou i obsahem.

Michal Janata

Depicting Time, Whose Movement Would Be Imperceptible without Spatial Awareness
The Photographs of Jaromír Čejka

A photograph documents itself. It has no correlate grounded in reality. Reality is far too complicated to allow any correspondence between itself and a photograph. A photograph is not a "picture" of reality, or even, to put it mechanistically, an imprint thereof. Like a print or a painting, a photograph is above all a graphic composition. It is a code to be deciphered by the viewer. In simple yet lofty terms, a photograph is itself, and for that it does not need reality to pretend it is identical to the photograph. The photographer creates an event that, by its dynamics, is entirely autonomous of the photograph and cannot be transformed into a two-dimensional image. And yet, the content of a photograph is reality – not reality in the general sense, but reality as seen by the photograph's creator. The photographs of Jaromír Čejka are a compositional dialogue with reality. They are the result of the search for a suitable composition befitting a situation in which reality, in the eyes of the photographer, is changed into a physiognomy of itself.

A photograph would be robbed of its aesthetics if it were to relinquish its autonomy from reality, for a photography is reality in and of itself, and a fully autonomous one at that. Only this level of autonomy turns the photographer into an author. And this is especially true for the work of Jaromír Čejka.

Čejka's compositions are more than just interpretations of reality, for they also result from the reception of artistically convincing photographs and represent a unique understanding of all the things which the author has imprinted with the form of reality. Photography is graphic in character; it is a way of depicting reality as a physiognomy, meaning a set of graphic signs that indirectly reflect reality.

While we can say of man that he has his own physiognomy, when speaking of nature and cultural artifacts (which includes the landscape touched by the hand of man) we can only say so in a secondary sense. The photographs of Jaromír Čejka are a visual record of physiognomy in the broadest meaning of the word. They are a metaphor and symbol for various situations. What does the face of a goalkeeper reveal when caught by the lens in the net? This photograph by Čejka is a remarkable metaphor for perspectivism, for it is the goalkeeper's task to catch the ball before it enters the goal and not be caught in the net himself, as he was the moment the image was taken. But precisely this is the photographer's role.

Čejka's tendency towards visual symbolism is beautifully illustrated by a photograph of a couple walking through a warren of scaffolding. The couple emerges from the darkness of the narrow part of a perspectively expanding street. The author's photographic gesture transforms this essentially banal situation into an event. It is not reality, but it is raised to the level of reality by the author's intervention. The author does not take pictures; he creates constellations that are hidden to non-authors because of their automated perception. A bizarre wooden cart assists a wooden "signboard" with a list of meat products. It is a set of signs that refers to reality.

Or another example: A man with a cigarette, surrounded by wooden pallets, stands outside the main axis of the composition. This visual eccentricity creates a sense of tension, for we would usually expect the man to be the focal point of the composition. By shifting the focal point outside the axis, the composition becomes interesting. This game of positioning subversively tears down the expectations of our visual senses.

Čejka's symbolism condenses several typical elements into a whole that says much about the era in which the photographs were taken. The massive wall ending in a bizarre scrimmage of metal spikes reveals the 1990s entrepreneurial elite's lack of architectural taste. Kitsch combined with the compulsive need to shield oneself off from one's surroundings – what could be more characteristic of Bohemia's newly emerging pseudocapitalism at a time when democracy was gradually becoming the facade of a state incapable of breaking free from the shackles of communism? It is a compelling witness to an era that had no idea about what it wanted to transform into.

Jaromír Čejka's event photographs are a kind of temporal link between key moments in history and everyday life – the presence of occupying forces in 1968, symbolically headquartered in places from which the German army shelled Old Town Hall on 7 and 8 May 1945, the communists' May Day celebrations with banners and pom-poms, the everyday reality of a ravaged economy in which women hoarded scarce goods in order to survive the regime's misery (a photograph of a woman stringing rolls of toilet paper on a string), the surge of freedom in 1989 (a remarkable photograph of innumerable heads blending into a sea of human hope), hands raised in adoration of the president of pro-Axis Slovak State.

His best-known work to date is the "Jižní Město" (South Town) cycle, which was published in book form. This monstrous housing estate was an urban planning laboratory built by the most cruel social experiment in history, one that cost many millions of lives throughout the world. But "Jižák" was not just a desert; it was also the heart of resistance. "Jižák" was also the title of a single by Lesík Hajdovský (a band consisting of two married couples, the Hajdovskýs and the Gärtners). And then there are Klub Opatov and the famous Nico concert in 1985. Roses blooming in the desert.

Čejka photographed the wasteland not only of South Town but also of Prague's historical center: symbolically empty mailboxes with broken doors, doorbells without names, a bench chained to a sewer grate. And the tired misery of other Czech towns, as for instance dilapidated Žamberk with the slogan "Socialism Will Triumph." And the absurdity of early pseudocapitalism: a horse harnessed to half a Trabant, or a compositionally masterful photograph of a Mattoni advertisement with the perfectly drawn outline of the landscape. But there are also encouraging images of the emerging democracy, such as erecting a gravestone at the Jewish cemetery. Similarly interesting are his photographs of village dwellings (the geometric arrangement of houses in Pravice) or "land art" photographs such as the landscape near Cheb, riddled with pyramid-shaped border barriers.

Jaromír Čejka also works with time, which is somewhat of an exception in photography. The railroad tracks on Rügen disappear into the rear of the image. The spacing of the tracks narrows, allowing the viewer to perceive the temporal dimension of space. In the foreground are heads watching the disappearing tracks. Through them, we perceive motion. That which a moment ago was at the place of the narrowest track is now in the foreground. It is a non-abstract, visually forceful depiction of time, whose movement would be imperceptible without this spatial awareness.

This book offers readers a selection of Jaromír Čejka's photographic works that clearly reflect his broad scope in terms of both theme and genre. All that is left is to look at the images, observe them closely, and let oneself be carried away by their form and content.

Michal Janata

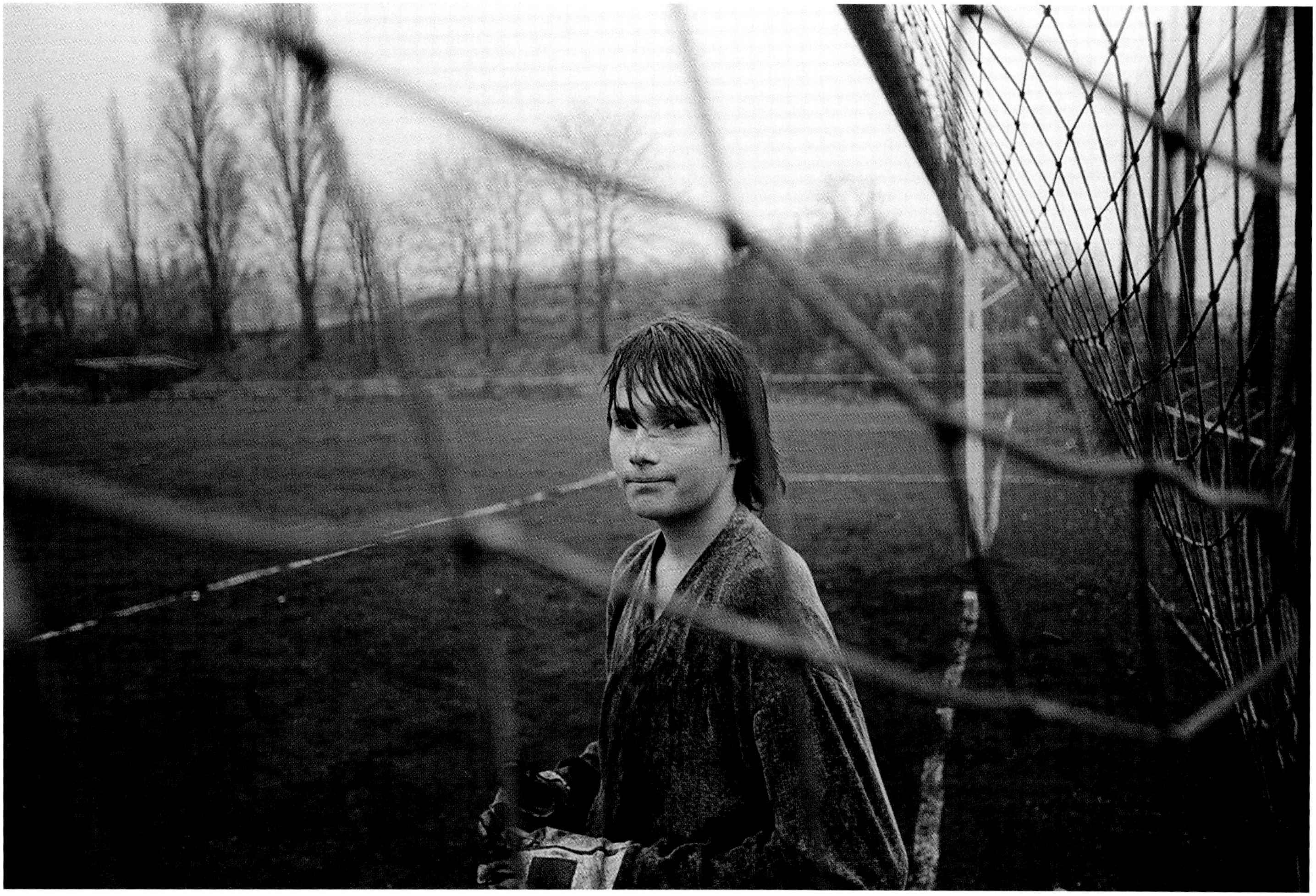

Praha, 1984

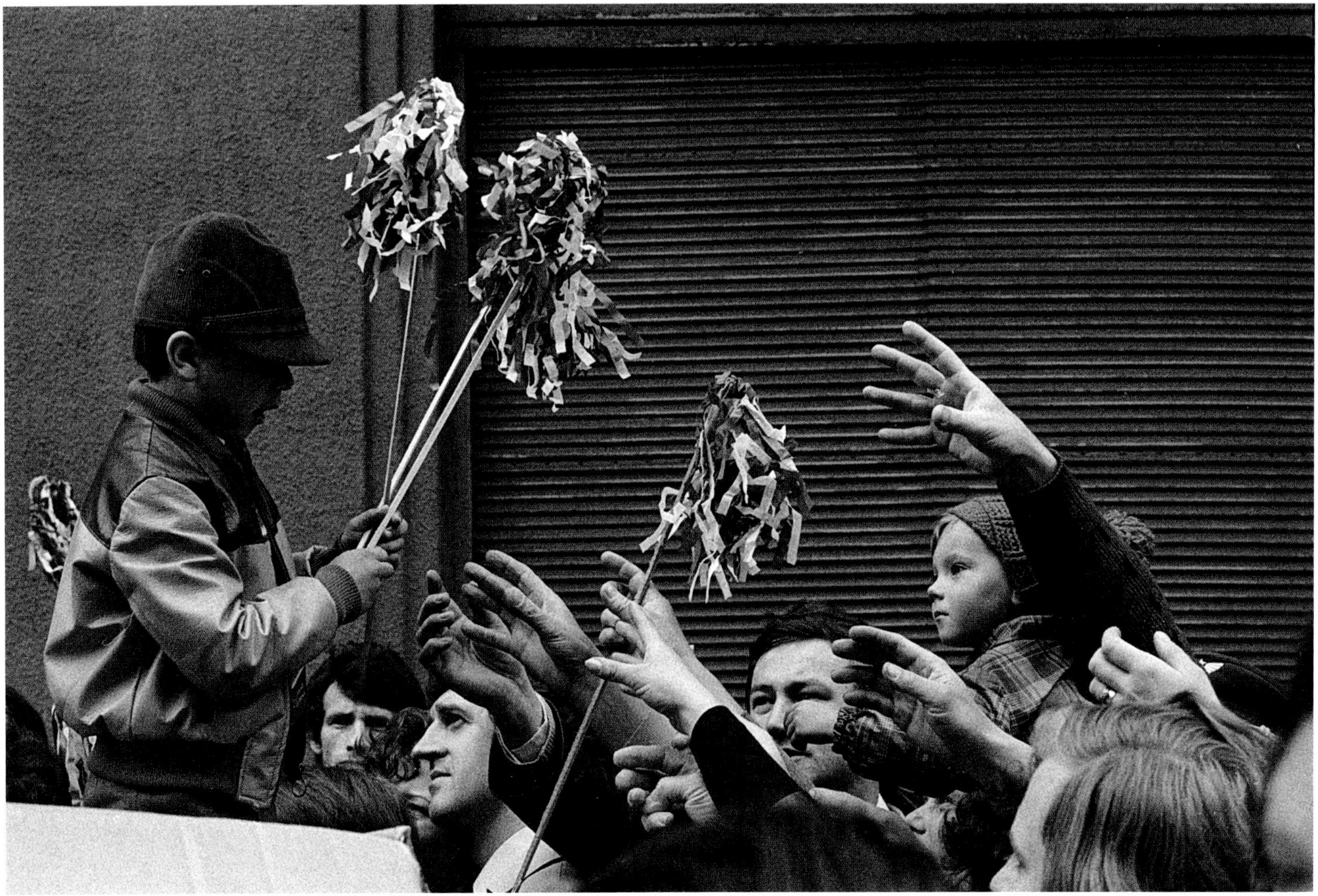

Praha Letná, 1. květen 1978 | May 1 celebrations 1978

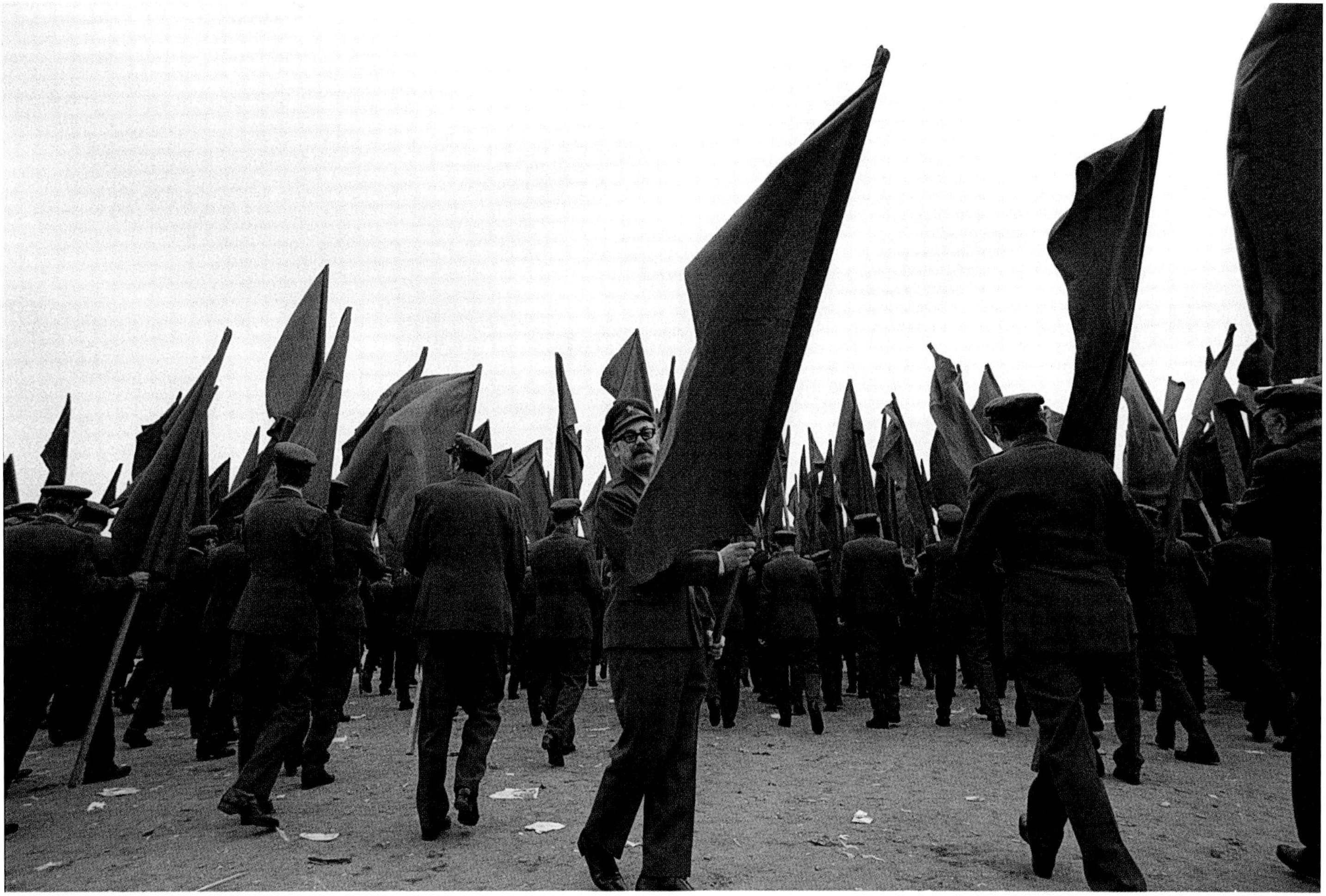

Praha Letná, 1. květen 1978 | May 1 celebrations 1978

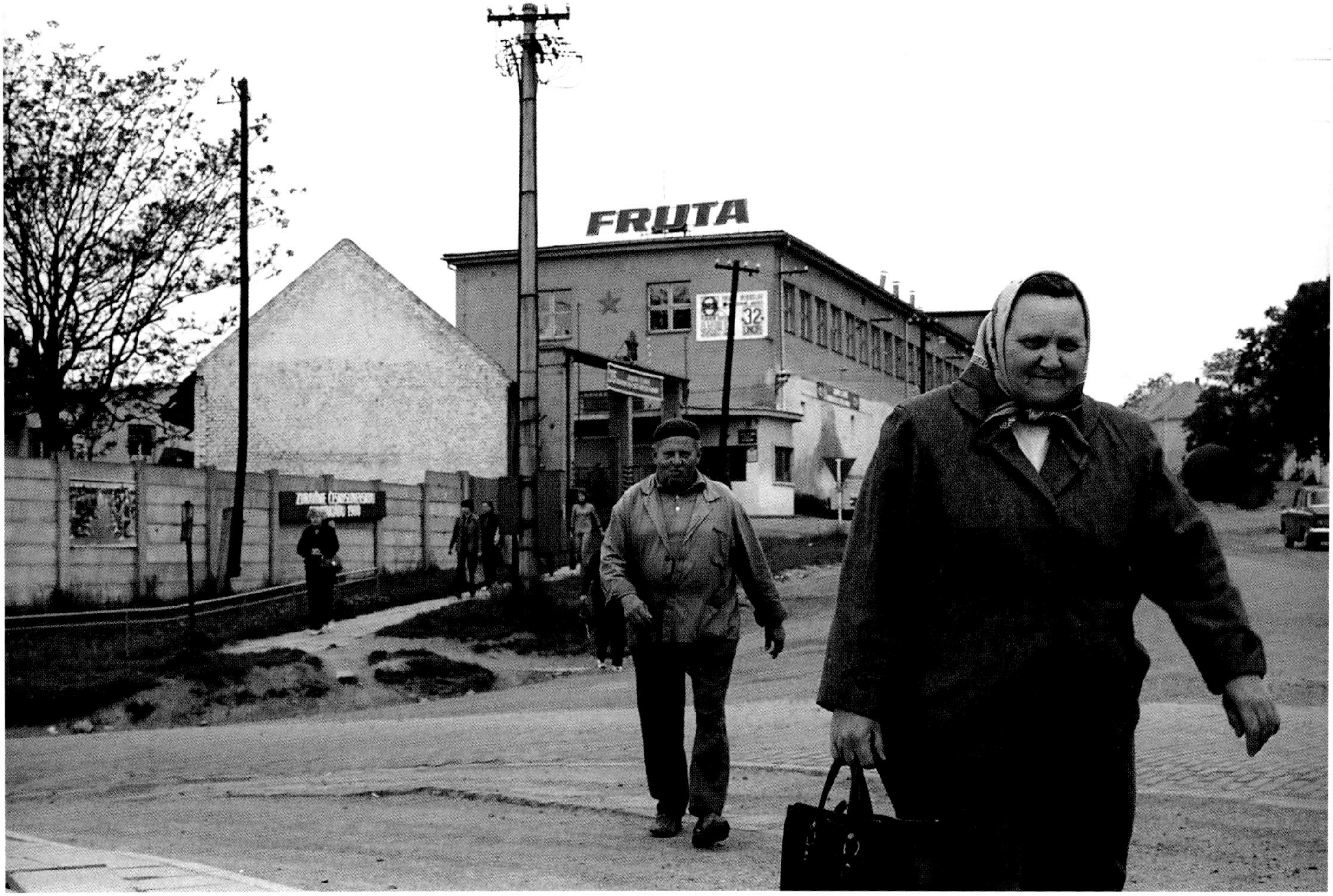

Miroslav, 1987

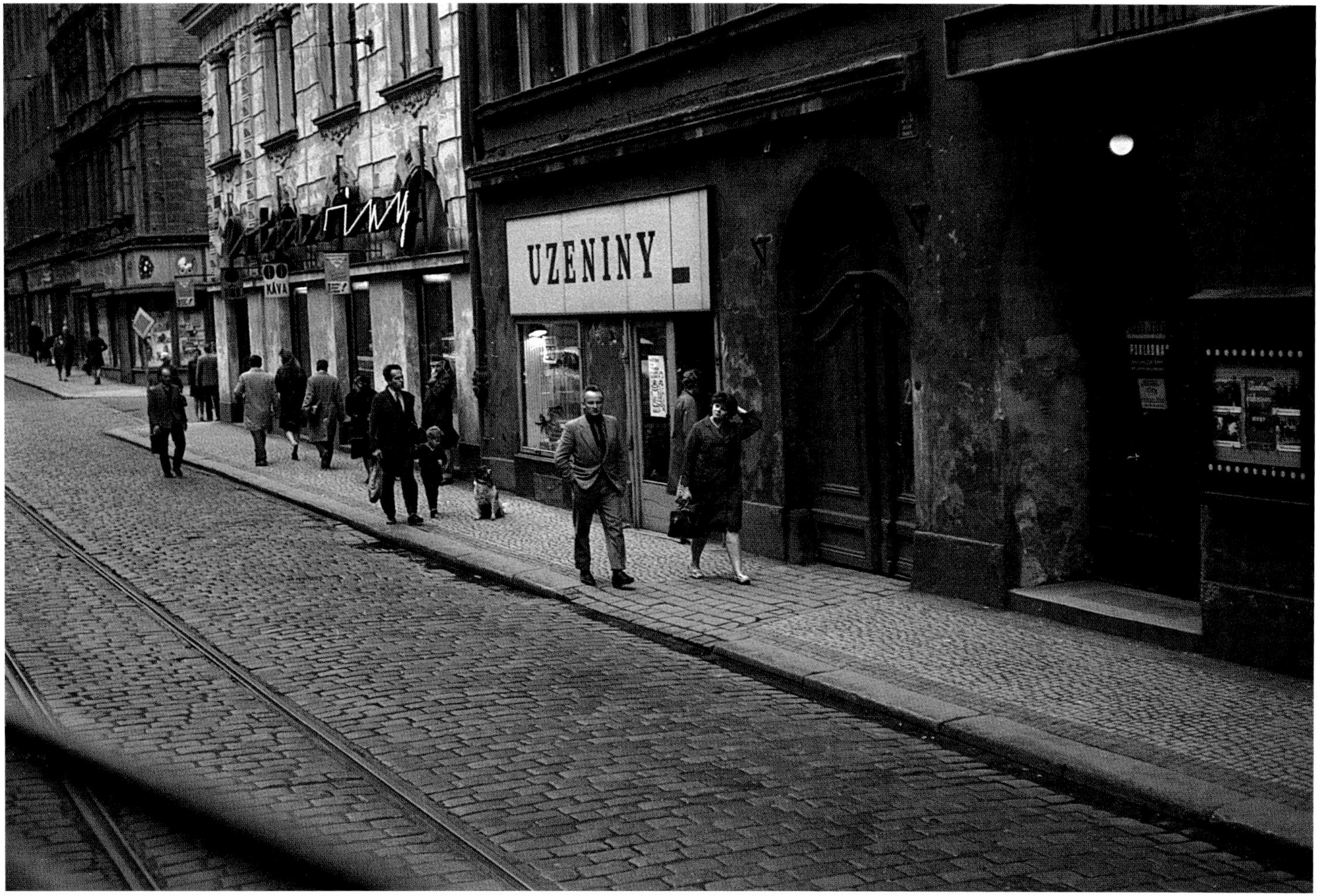

Praha, 1969

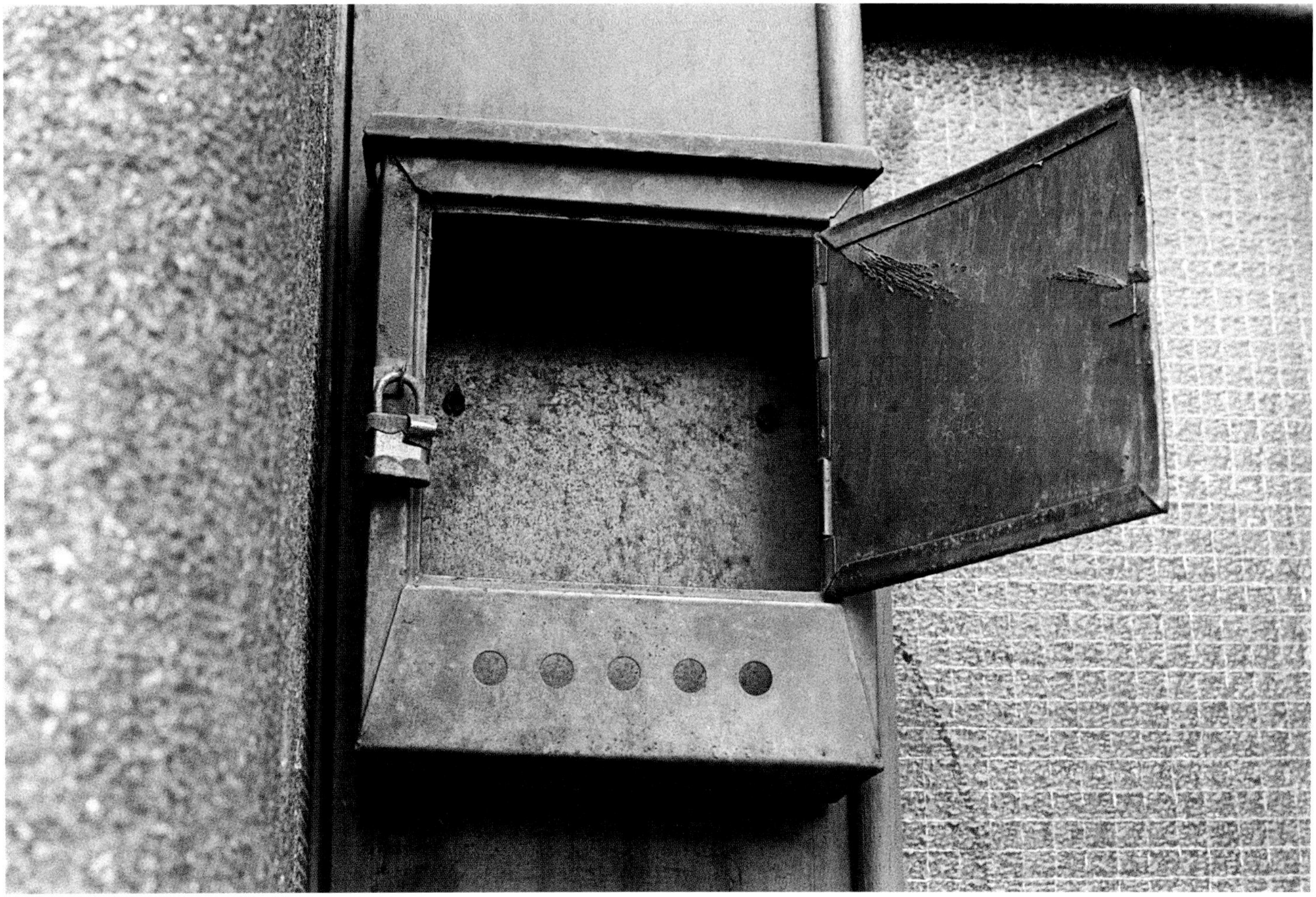

Praha, 1971

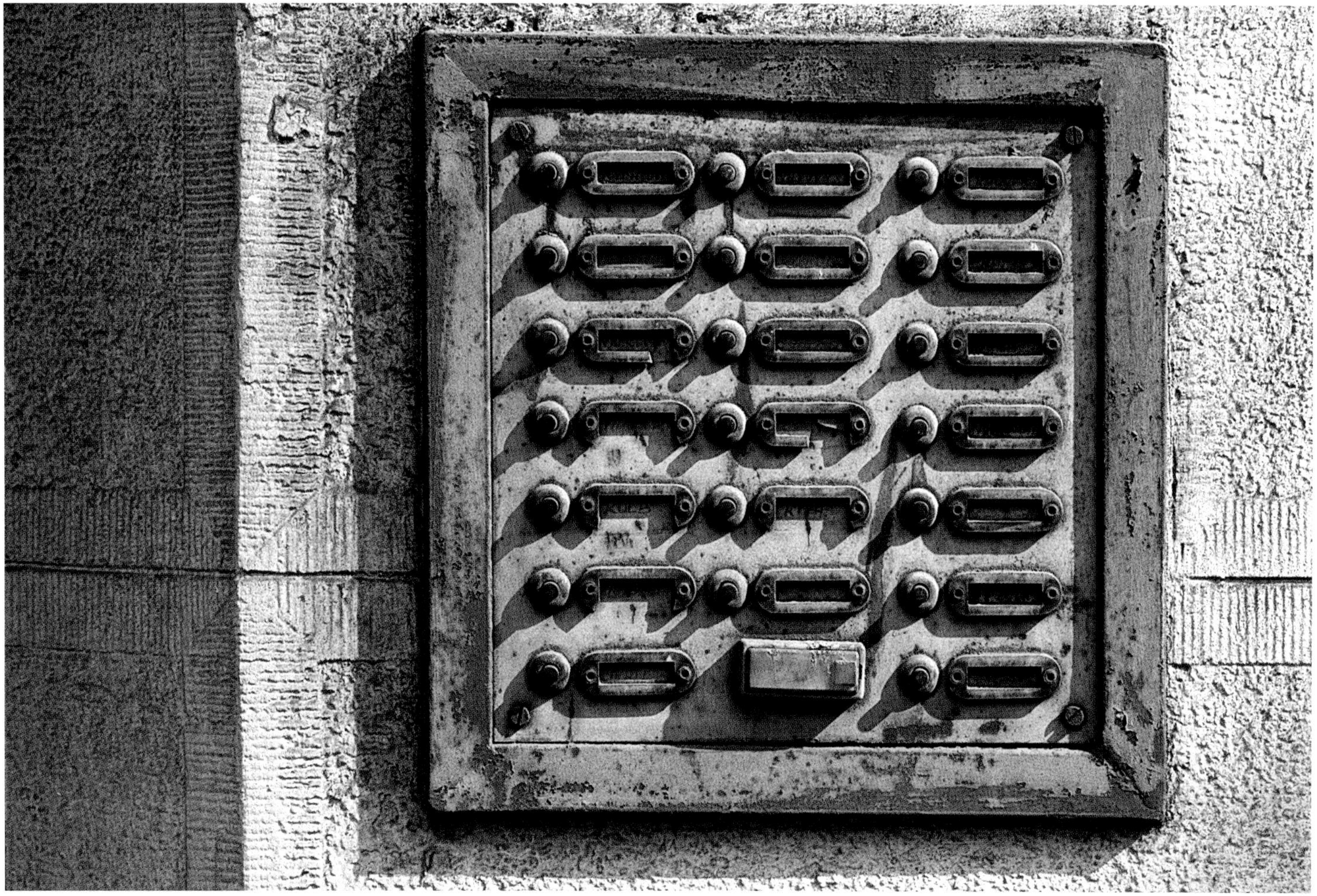

Praha, 1984

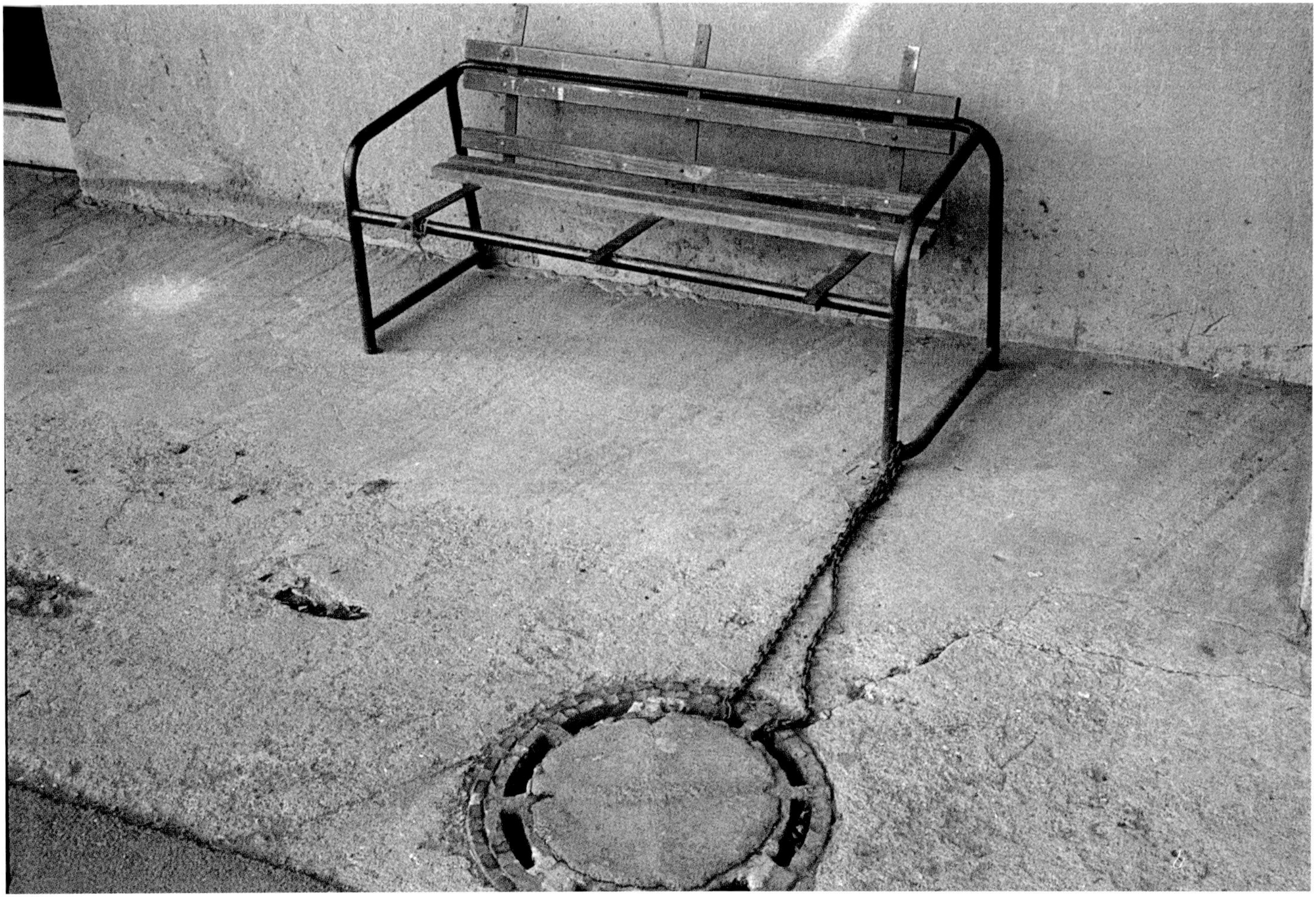

Praha, 1984

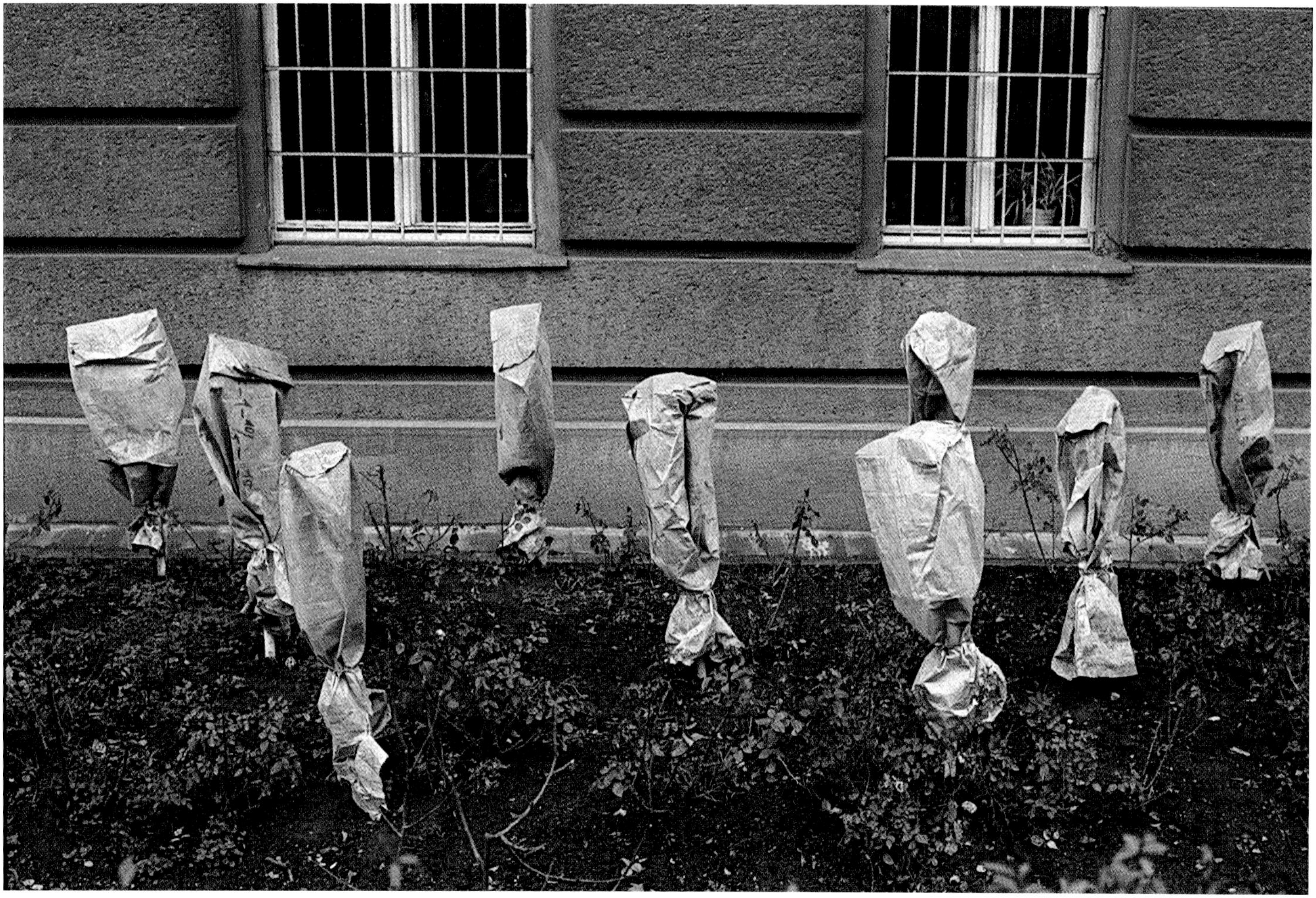

Praha, za okny služebna StB | From the windows of the secret police station, 1974

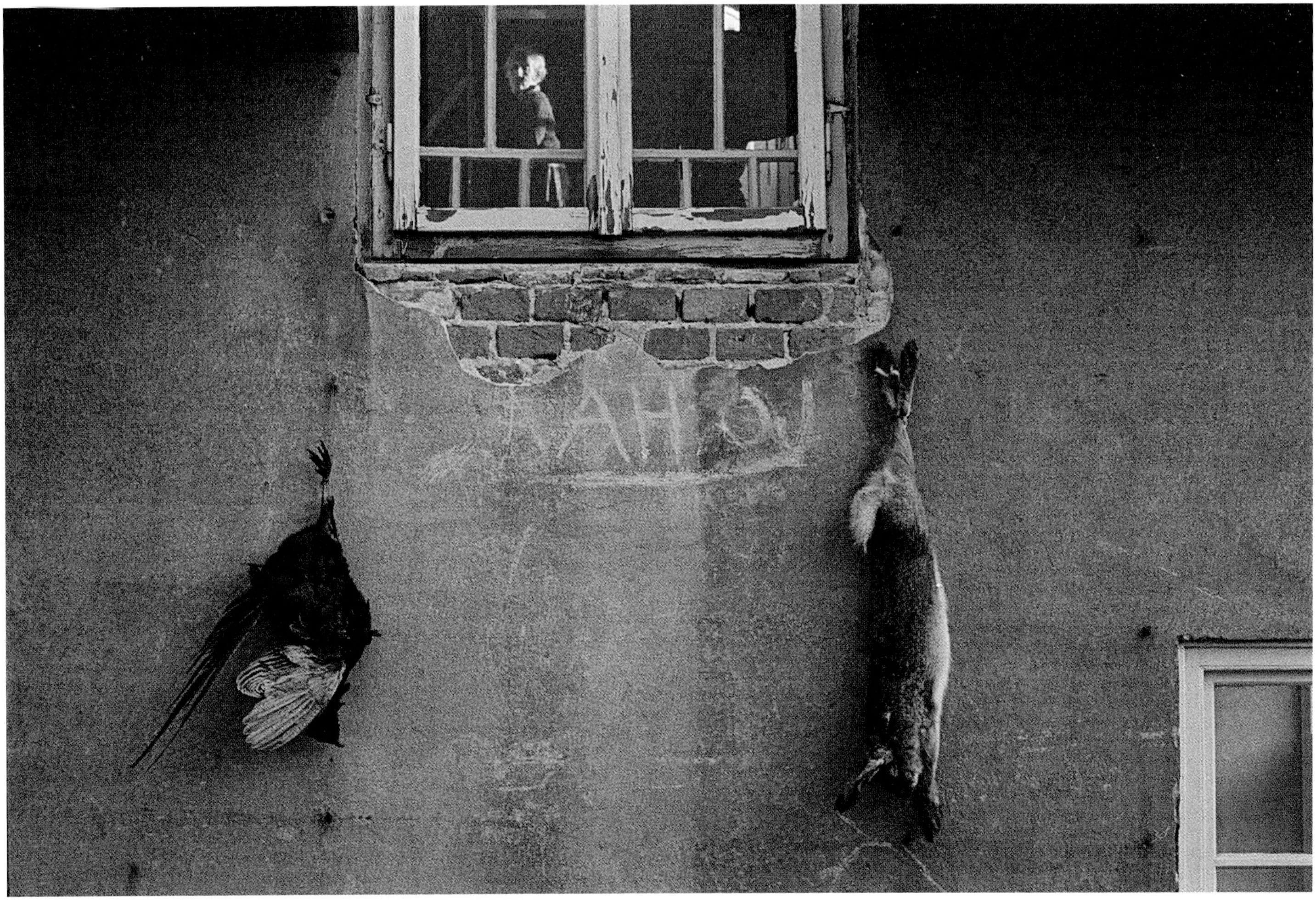

Praha, 1971

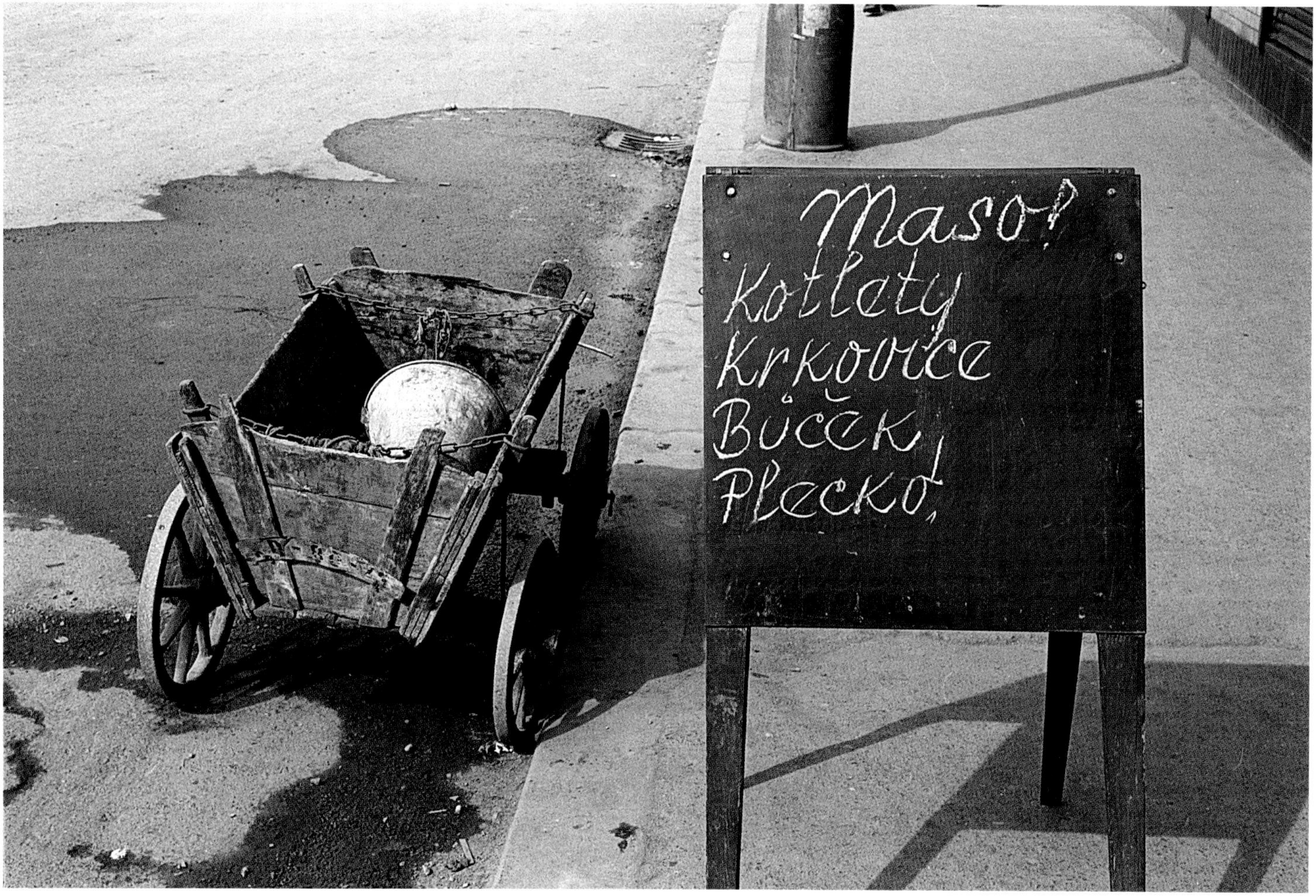

Praha, 1987

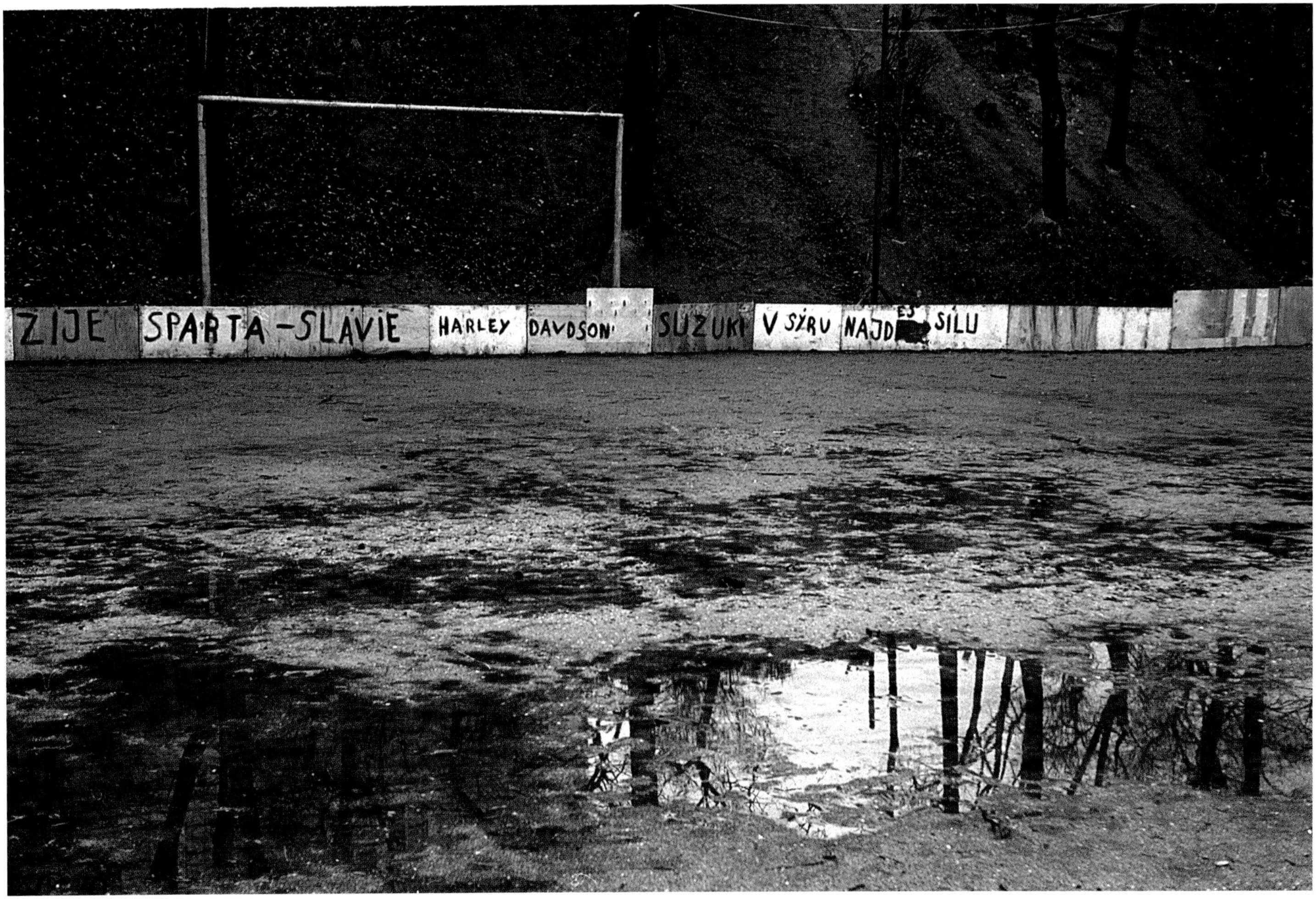

Praha, 1970

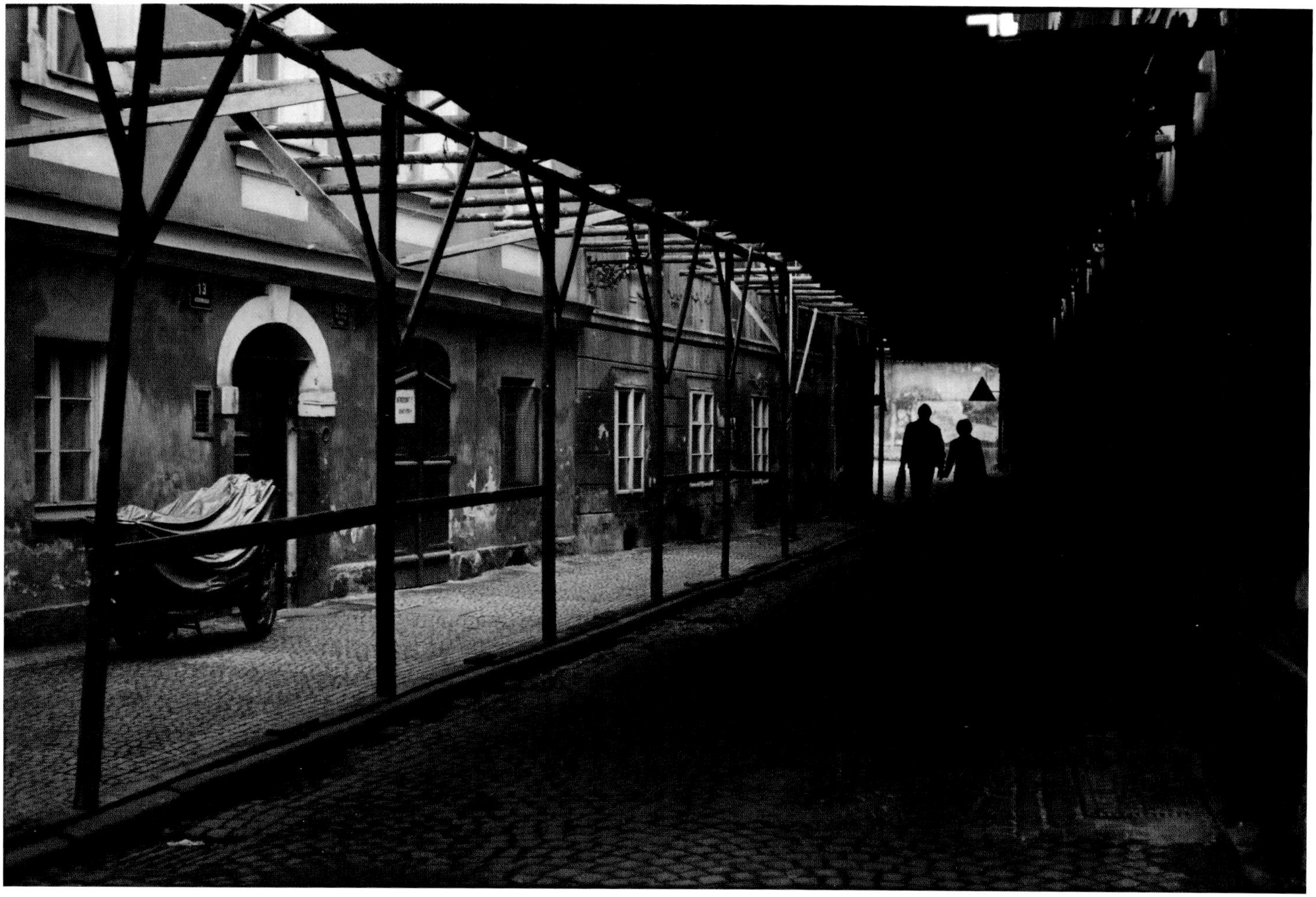

Praha, 1970

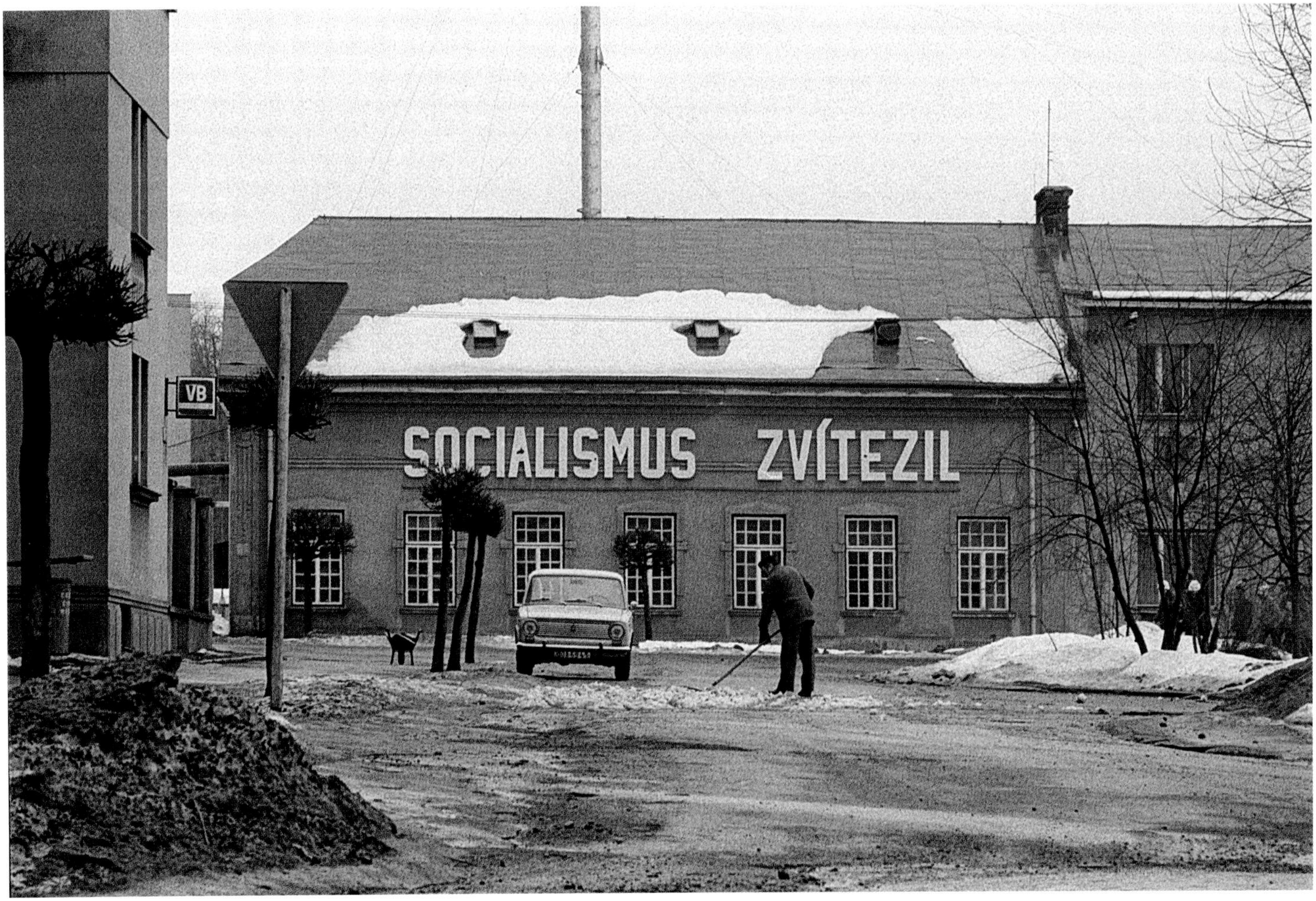

Žamberk, 1987

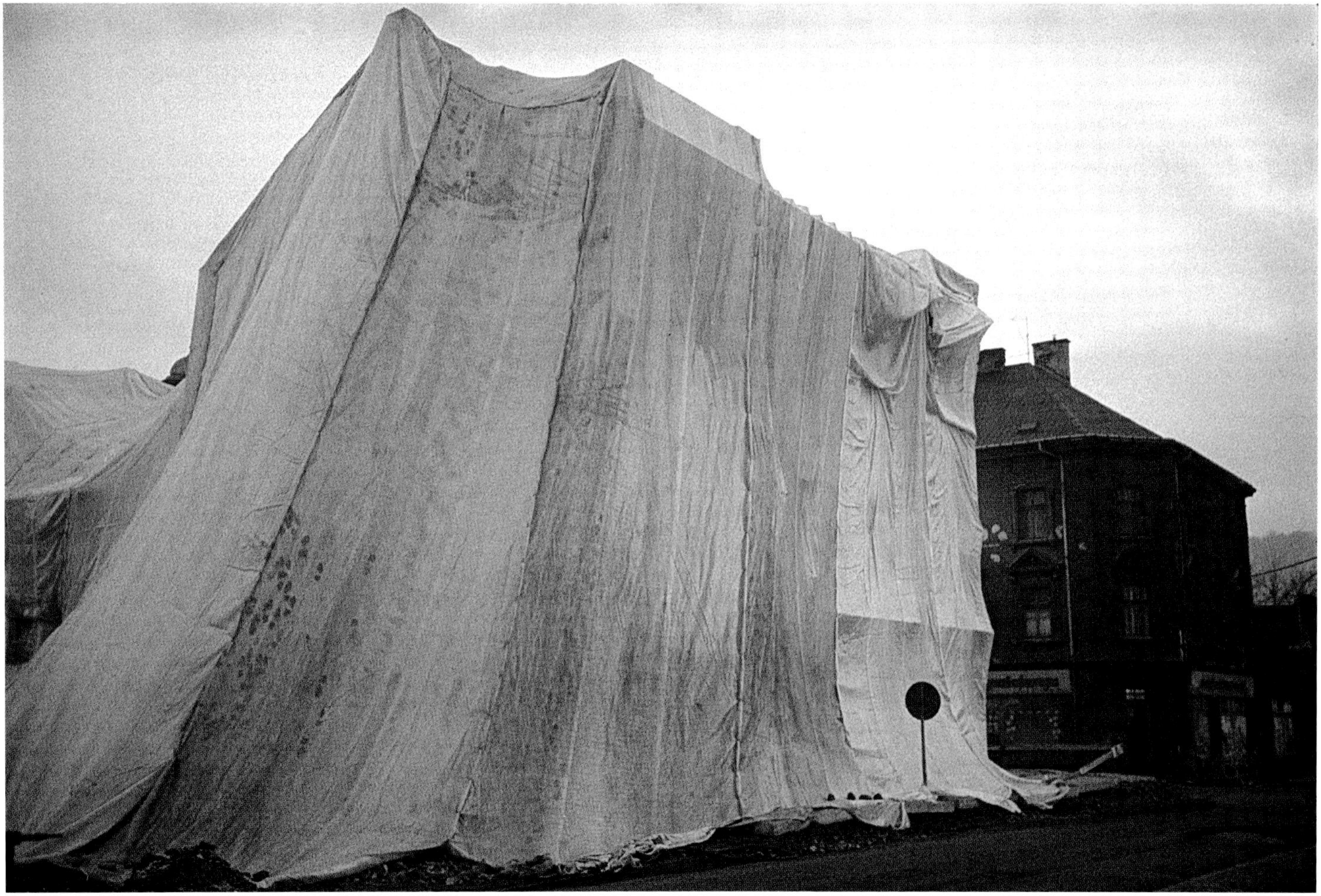

Ústí nad Labem, domy určené k demolici | Buildings intended for demolition, 1986

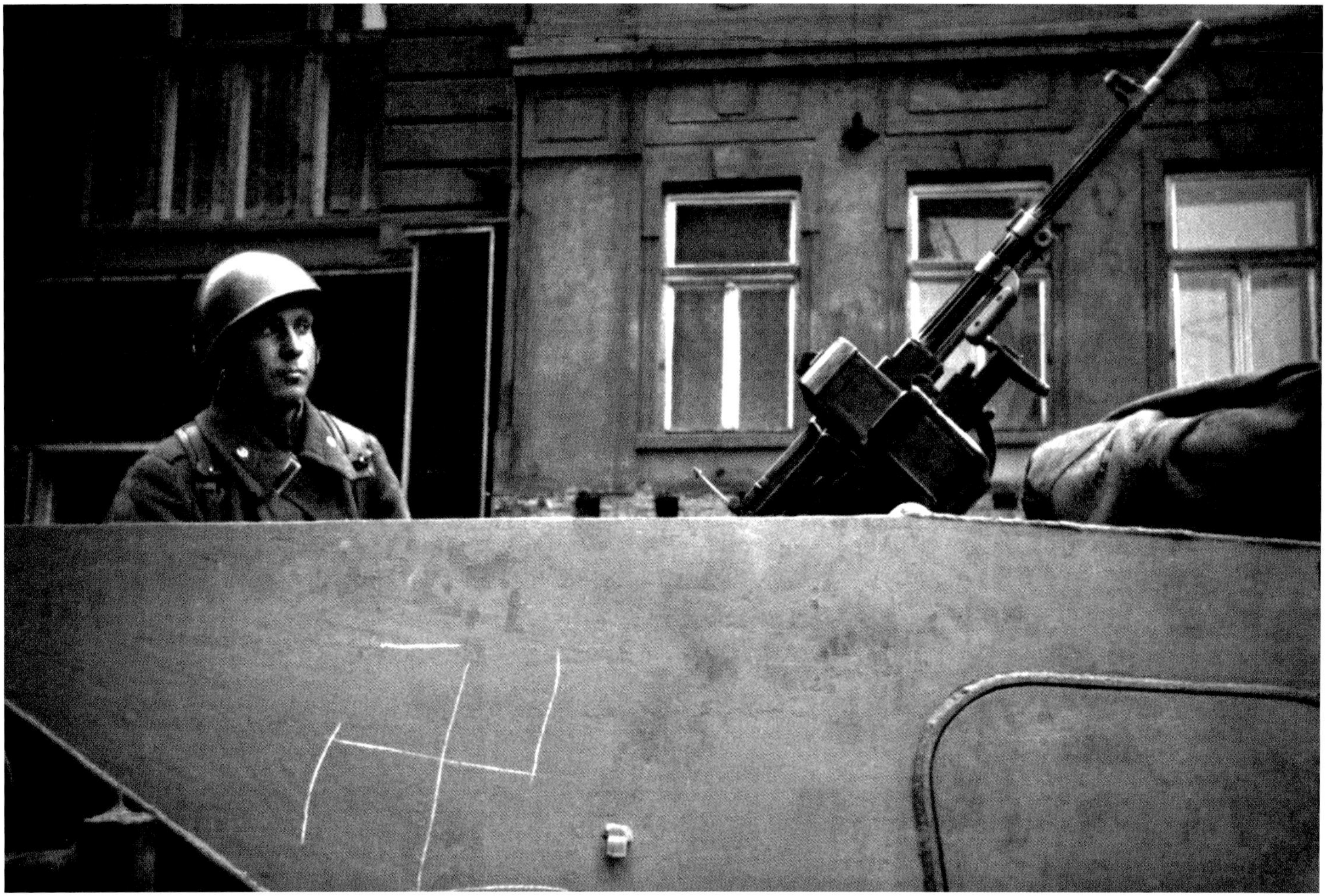

Praha, srpen | August, 1968

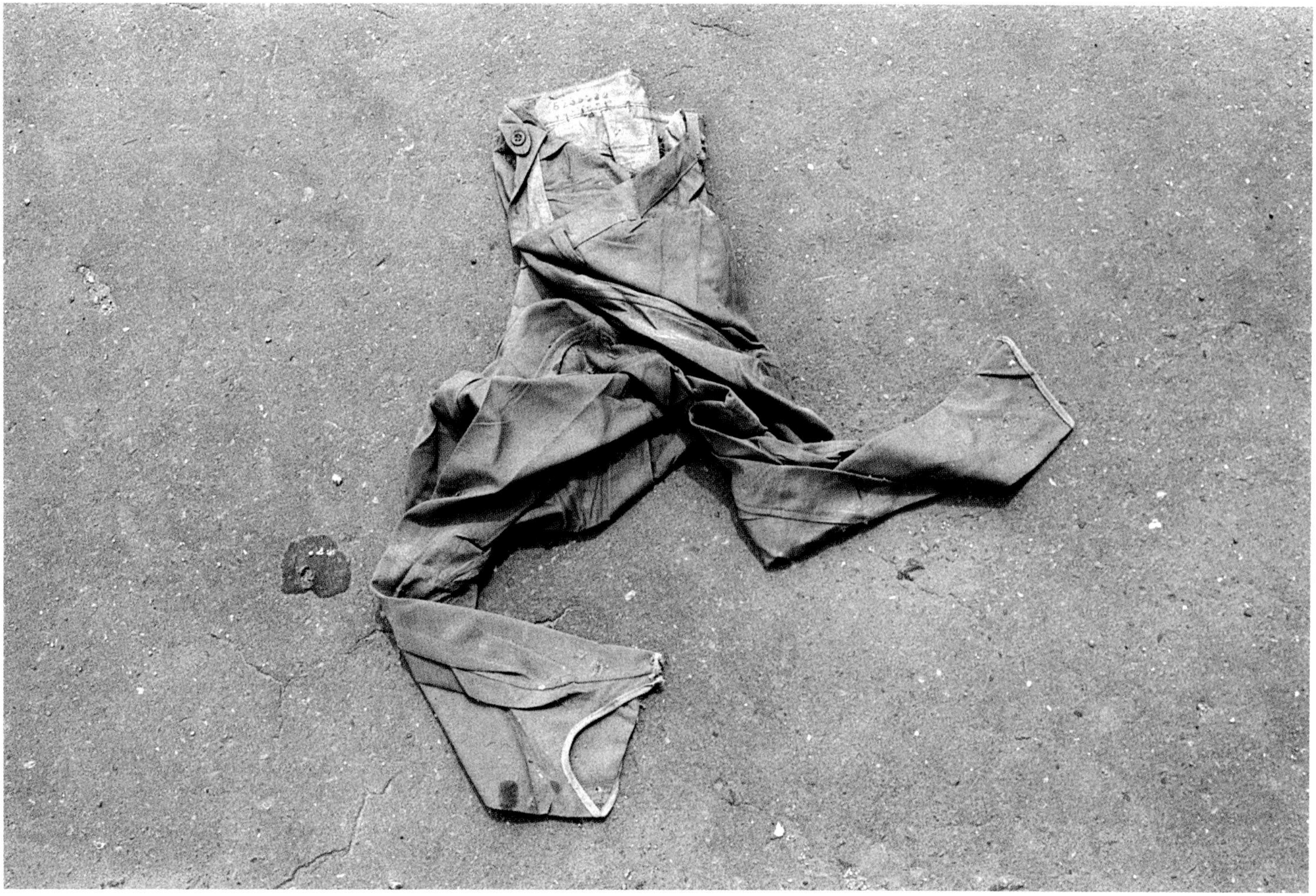

Mladá Boleslav, ruská kasárna po odchodu vojsk
| Russian barracks after the departure of the troops, 1992

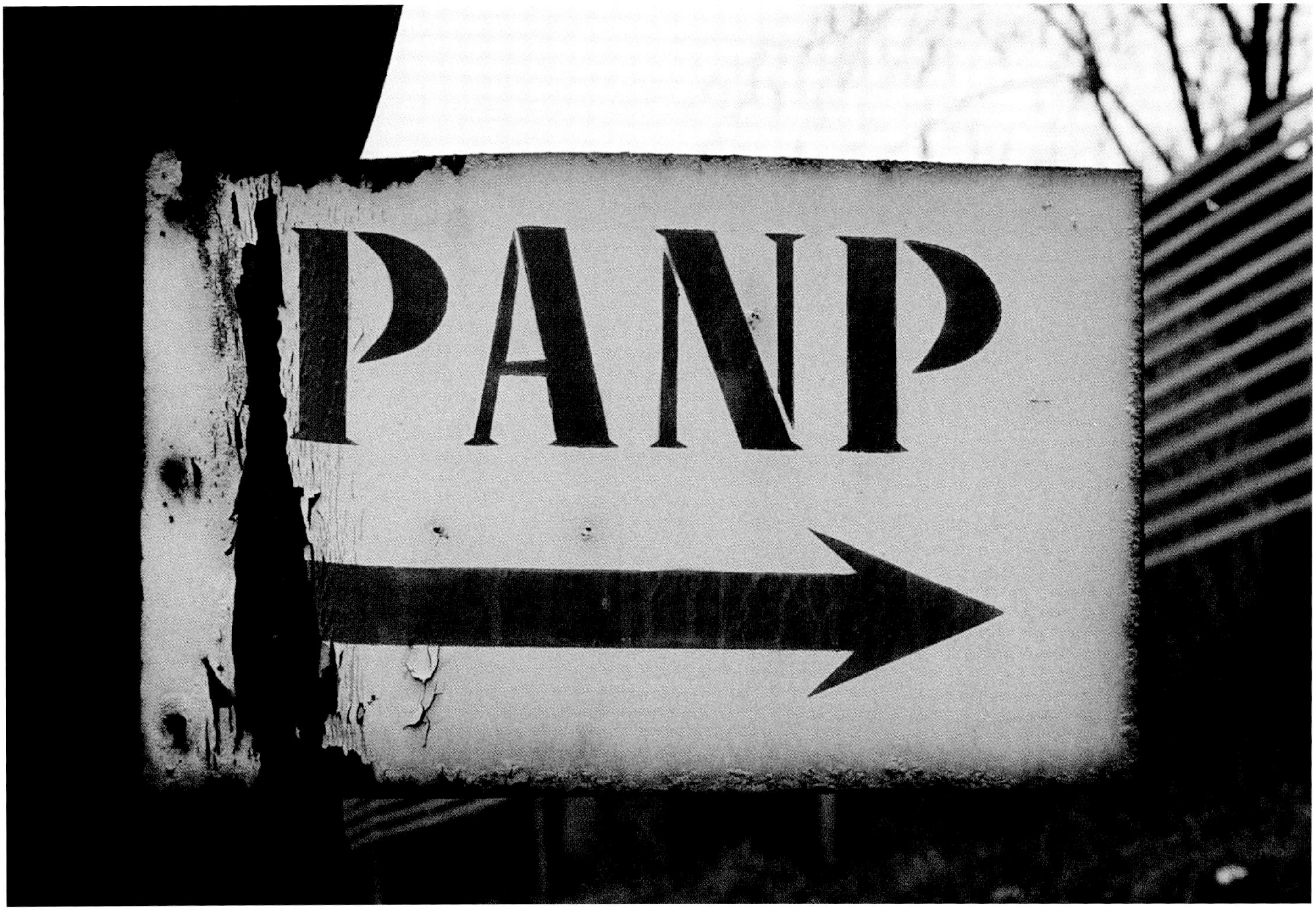

Praha, 1984

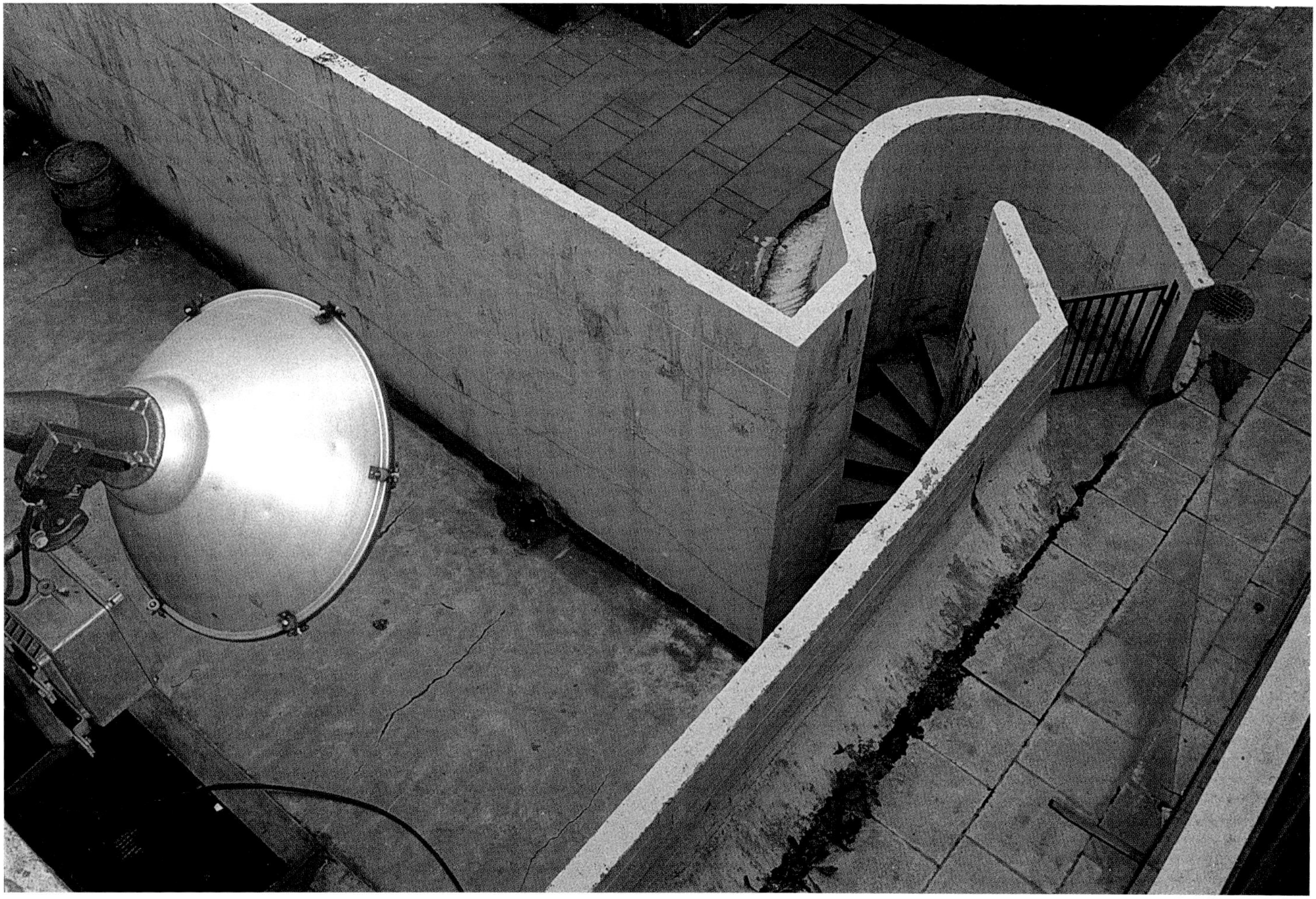

Praha, 1984

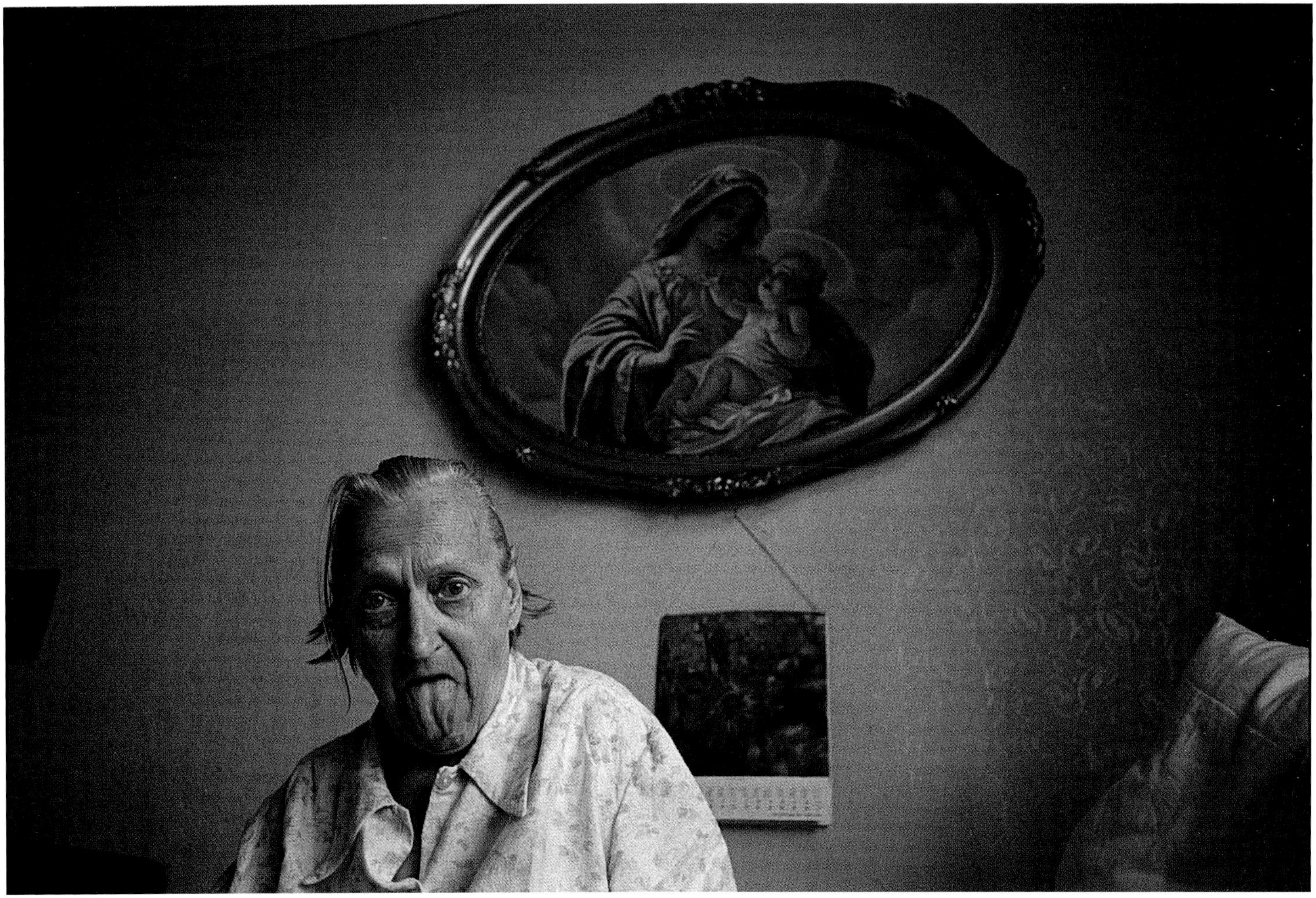

Miroslav, 1978

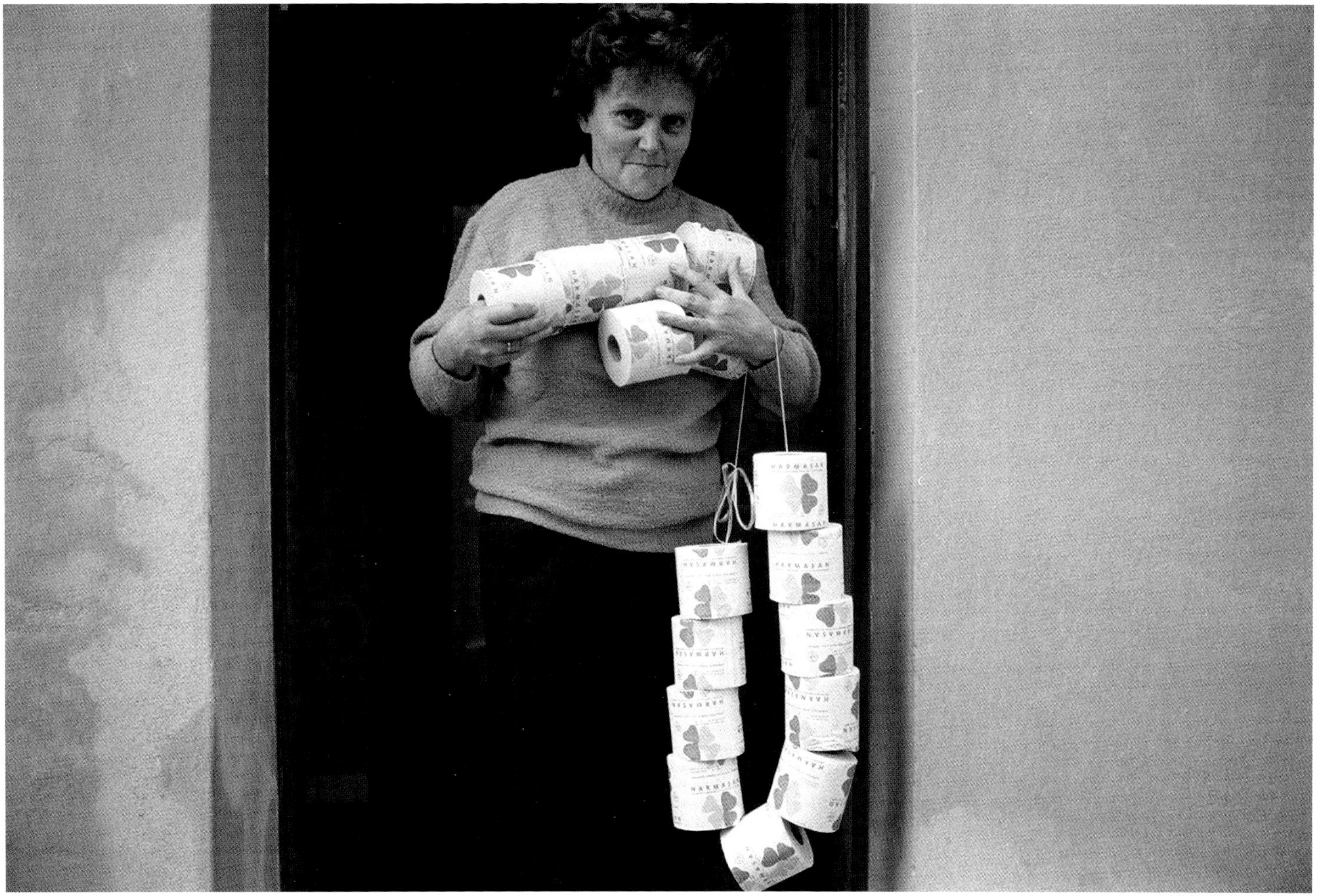

Miroslav, po úspěšném nákupu v Brně | Return from a successful shopping trip to Brno, 1988

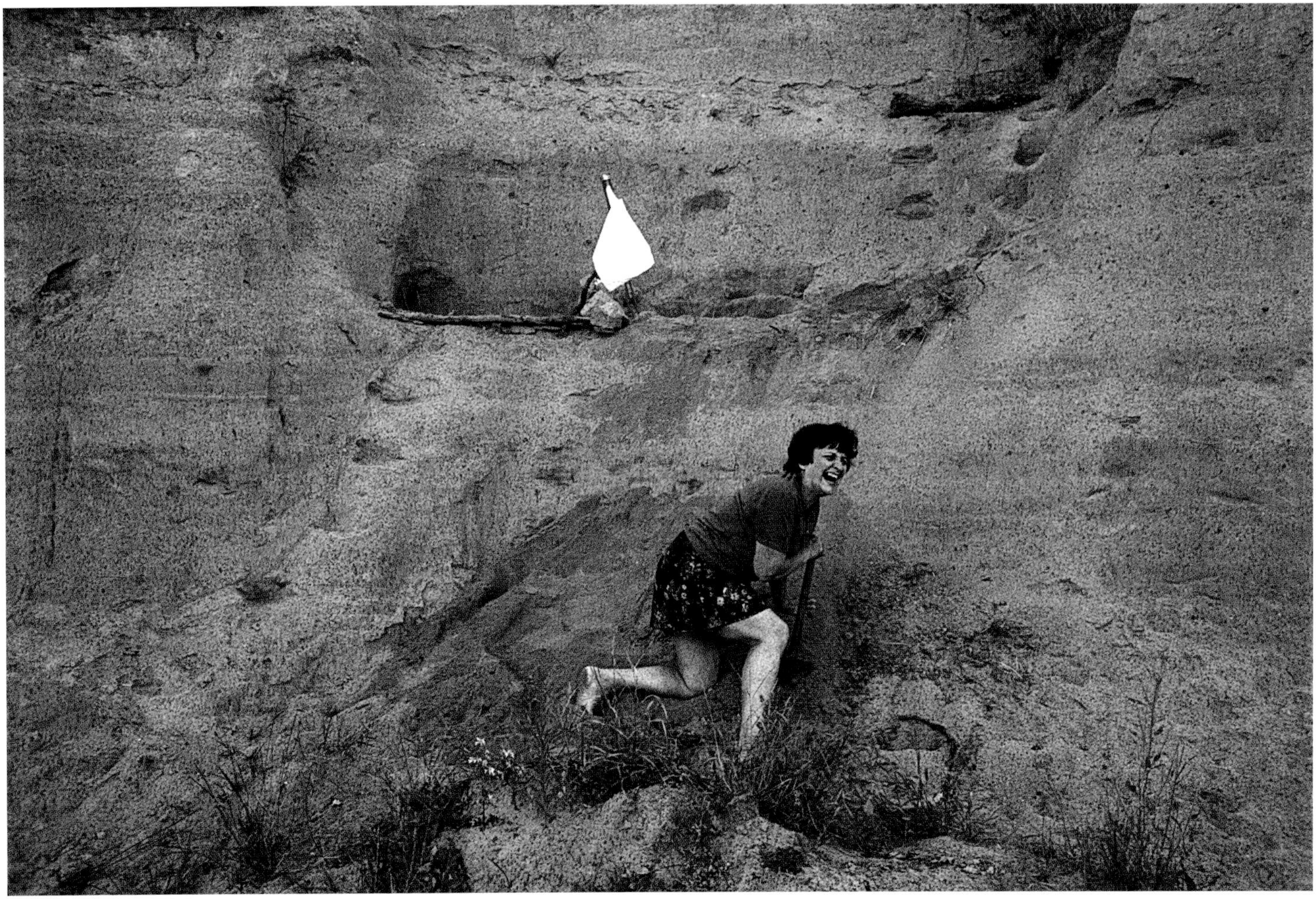

Olbramovice, hry s dětmi v lomu | Playing with children in a quarry, 1978

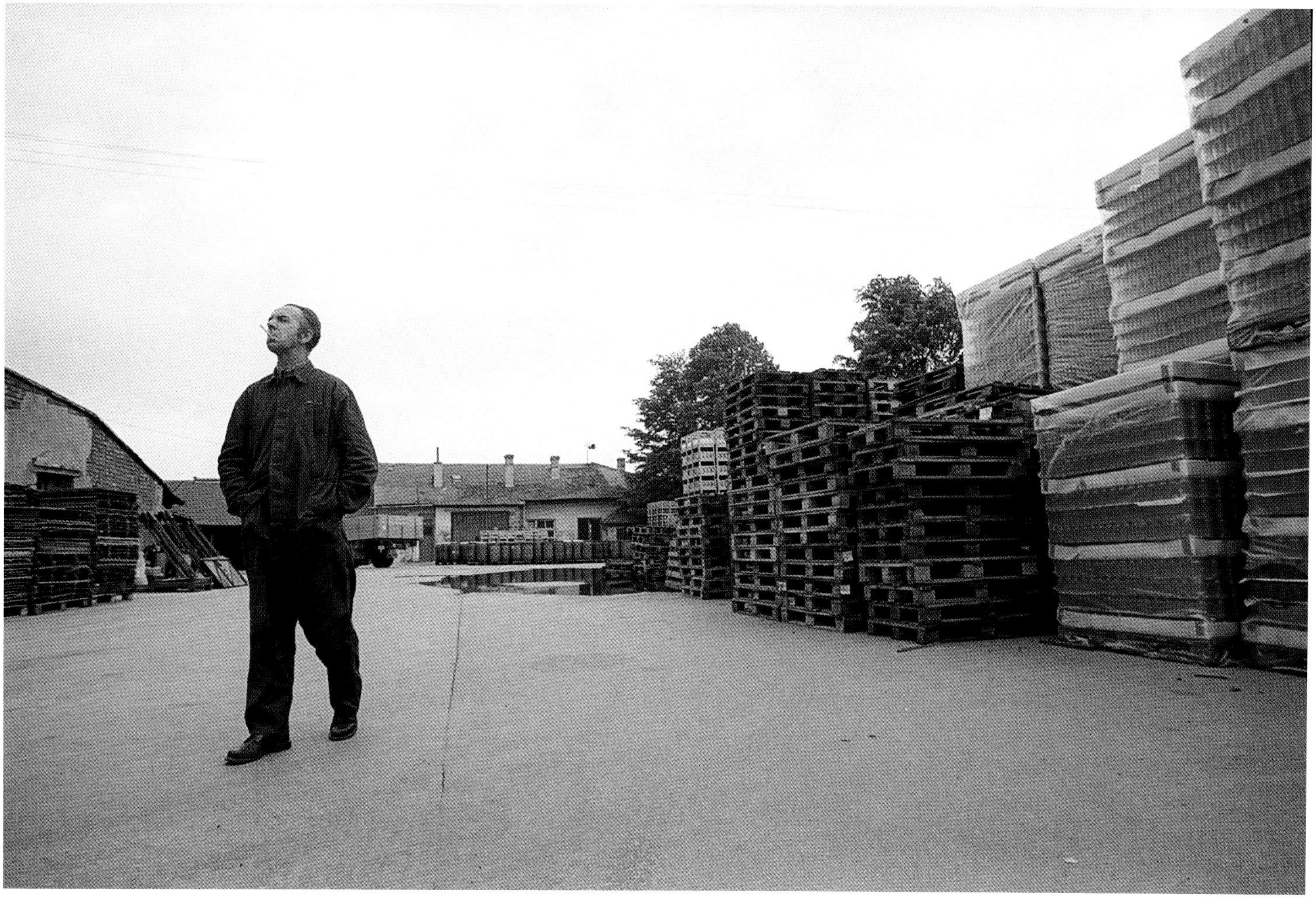

Miroslav, sklad podniku Fruta | Storehouse of the Fruta state enterprise, 1980

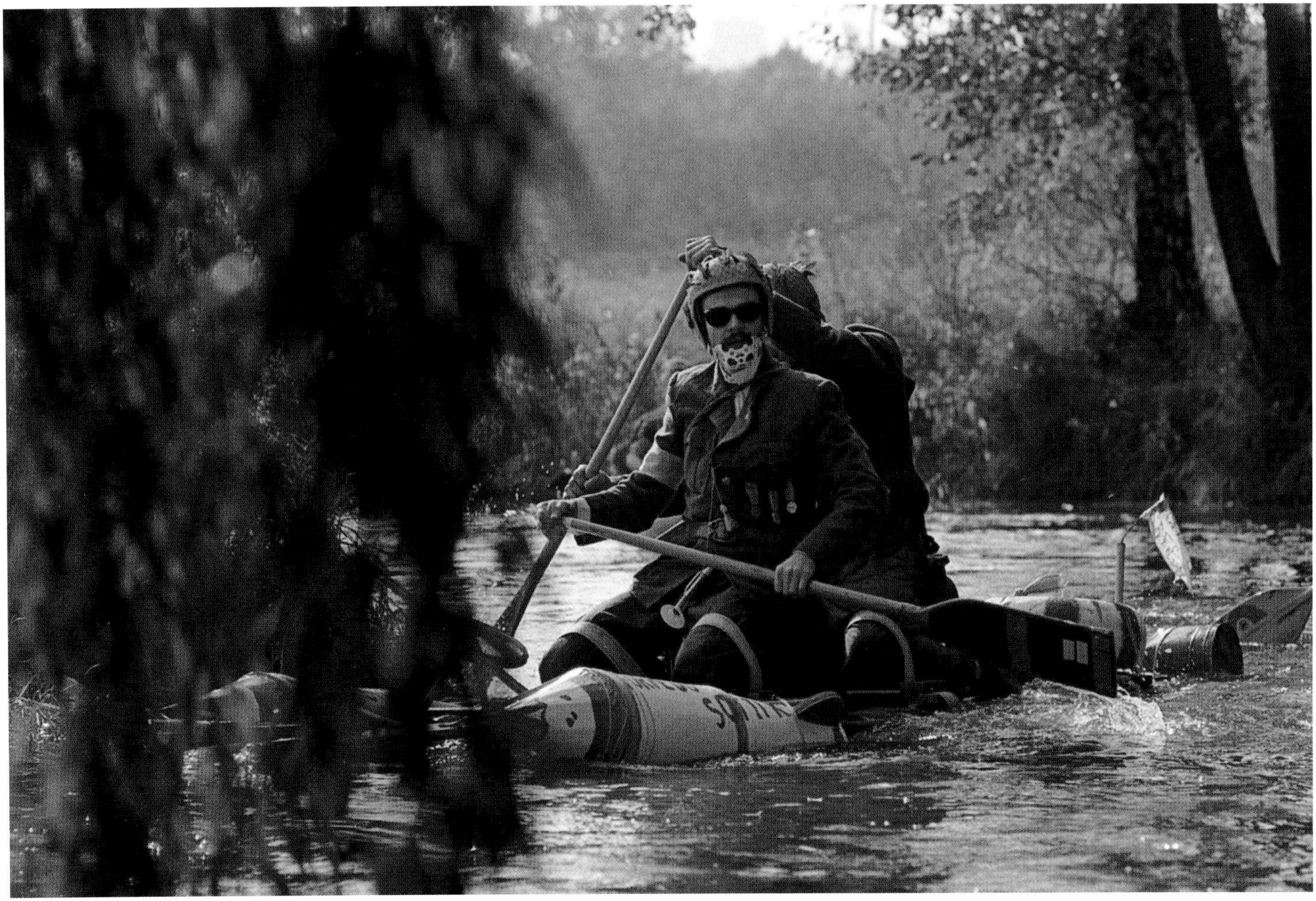

Praha, závody Rio Botičo | Rio Botičo boat race, 1983

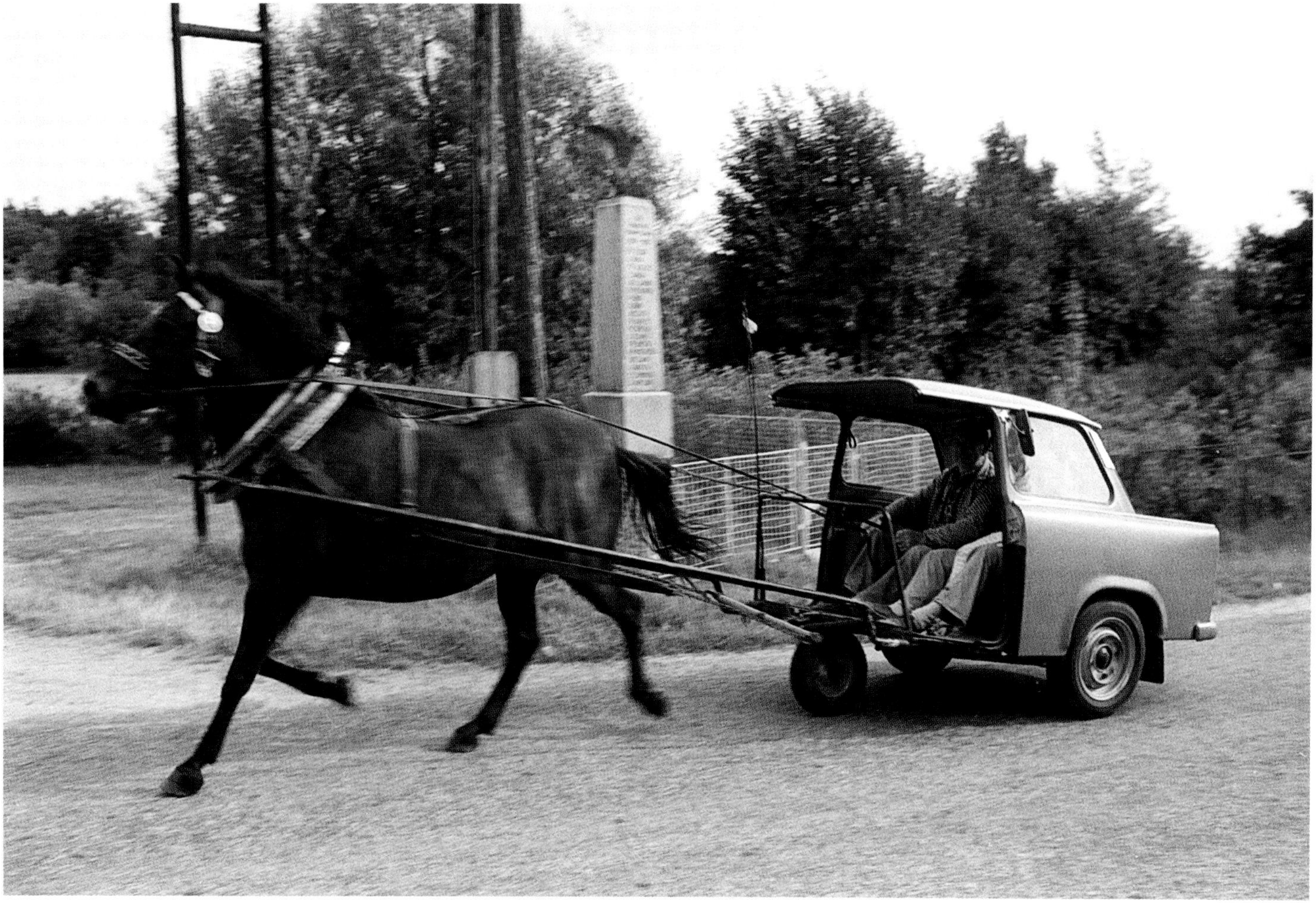

Českomoravská vysočina, Horní Pole, 1998

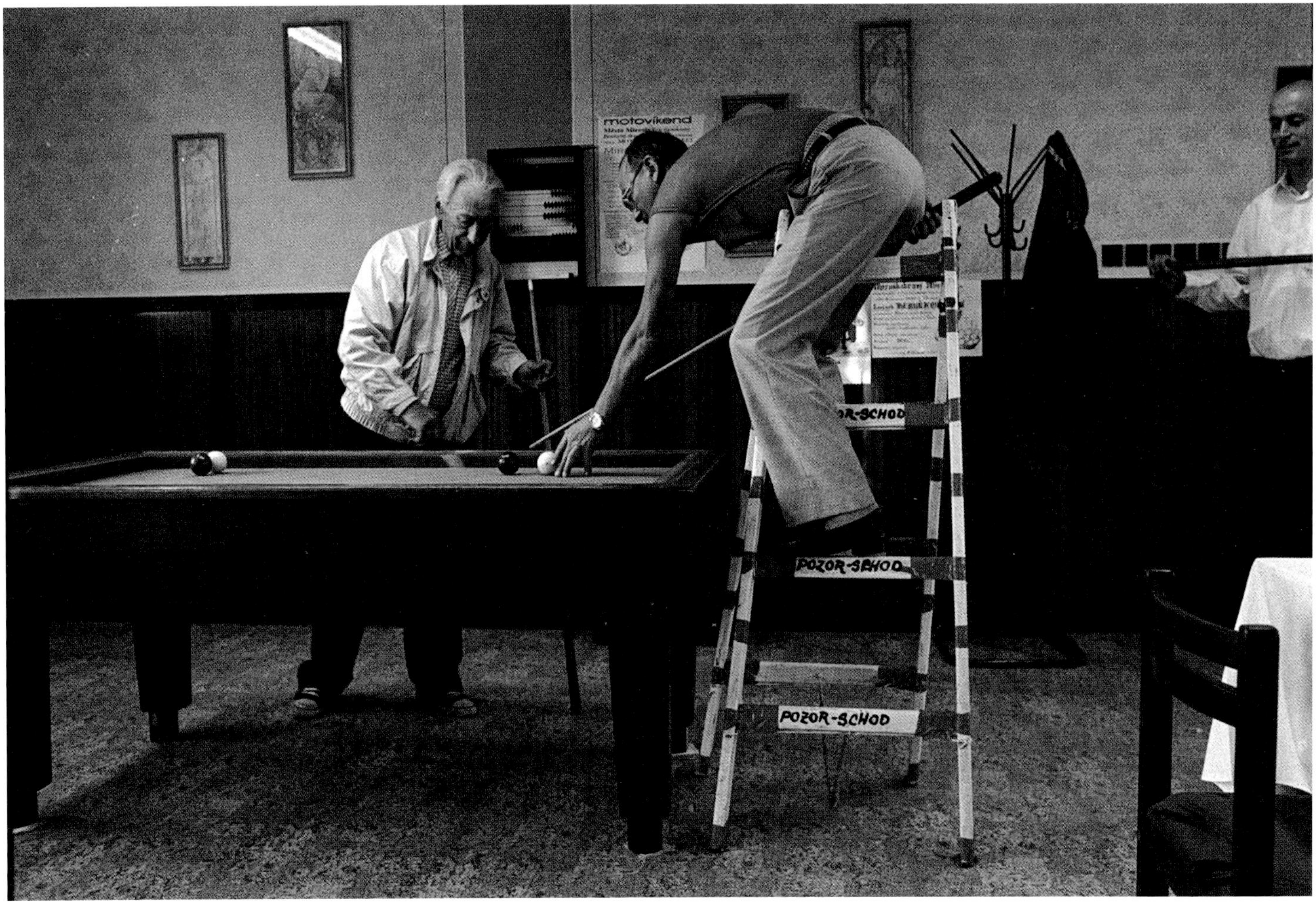

Miroslav, 2020

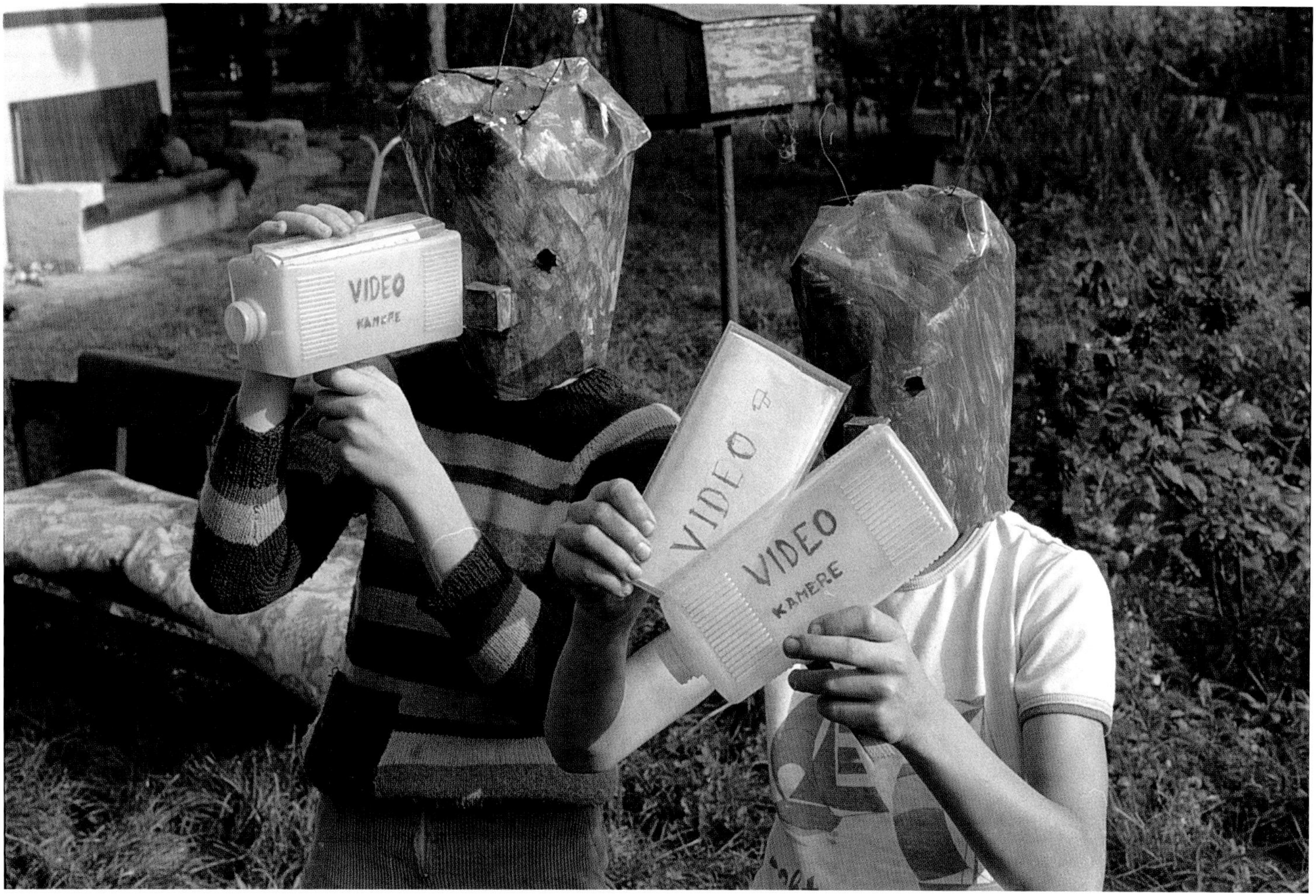

Sadská, 1987

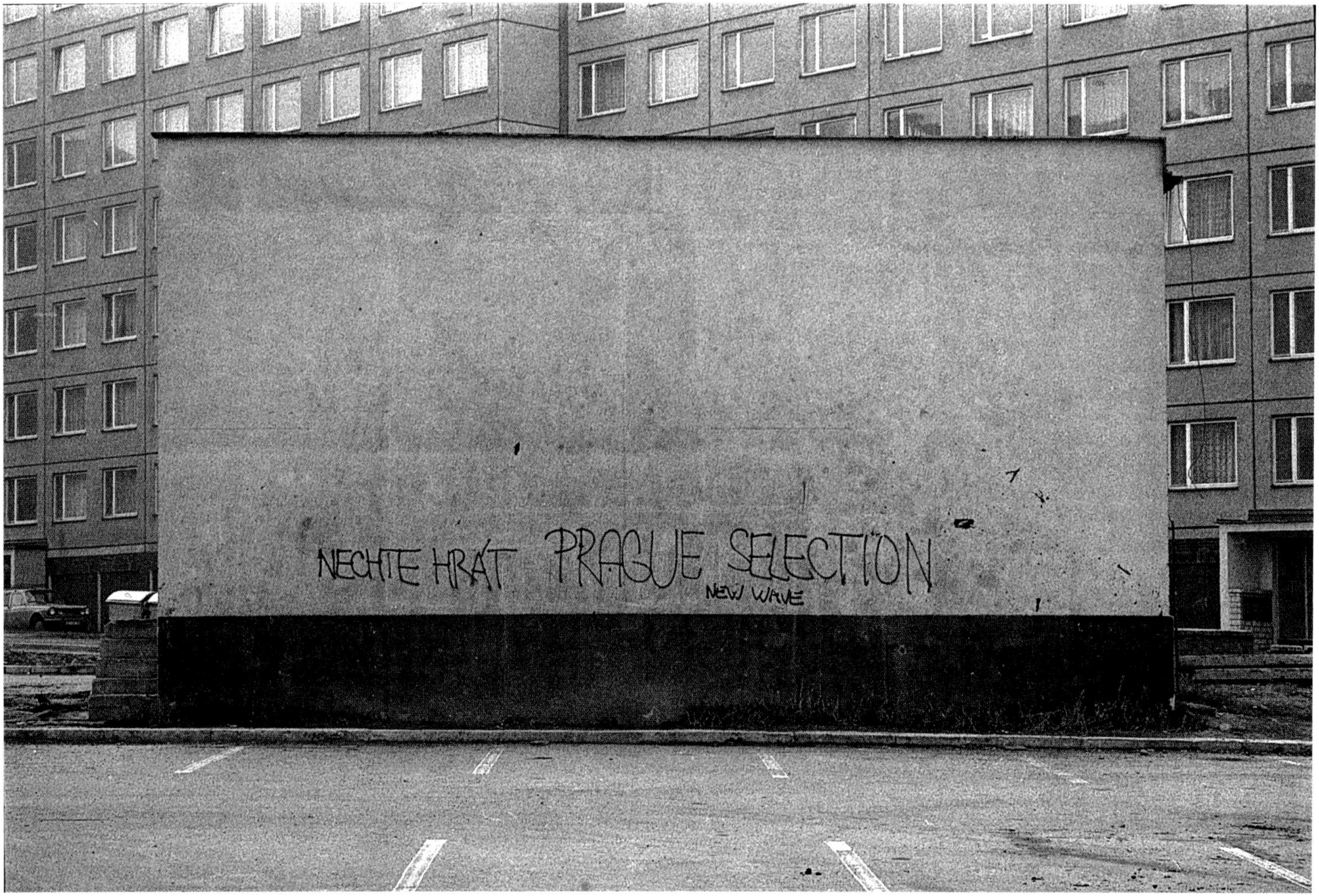

Praha, sídliště Jižní Město | South Town housing estate, 1984

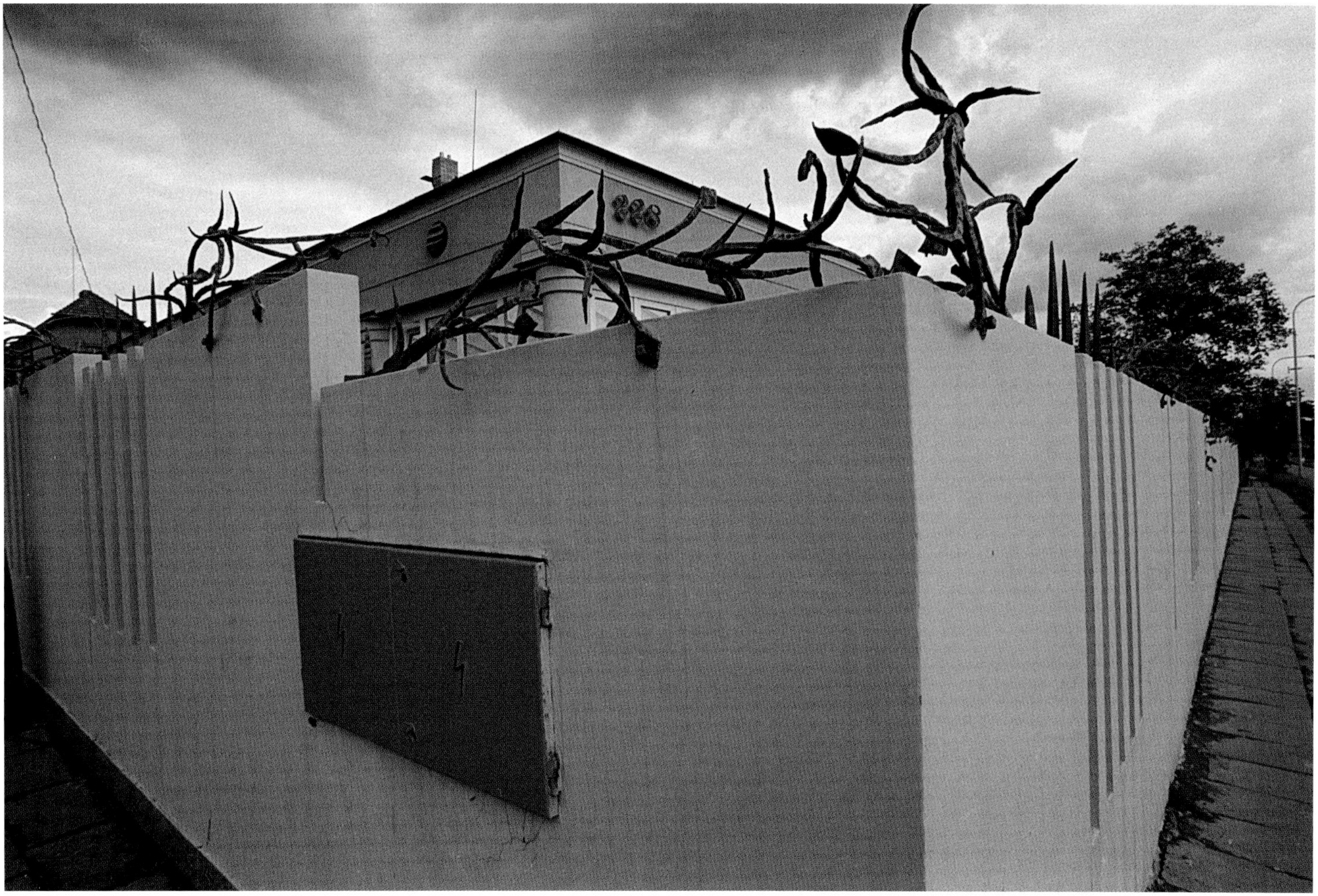

Nebušice, nová výstavba | New construction, 1997

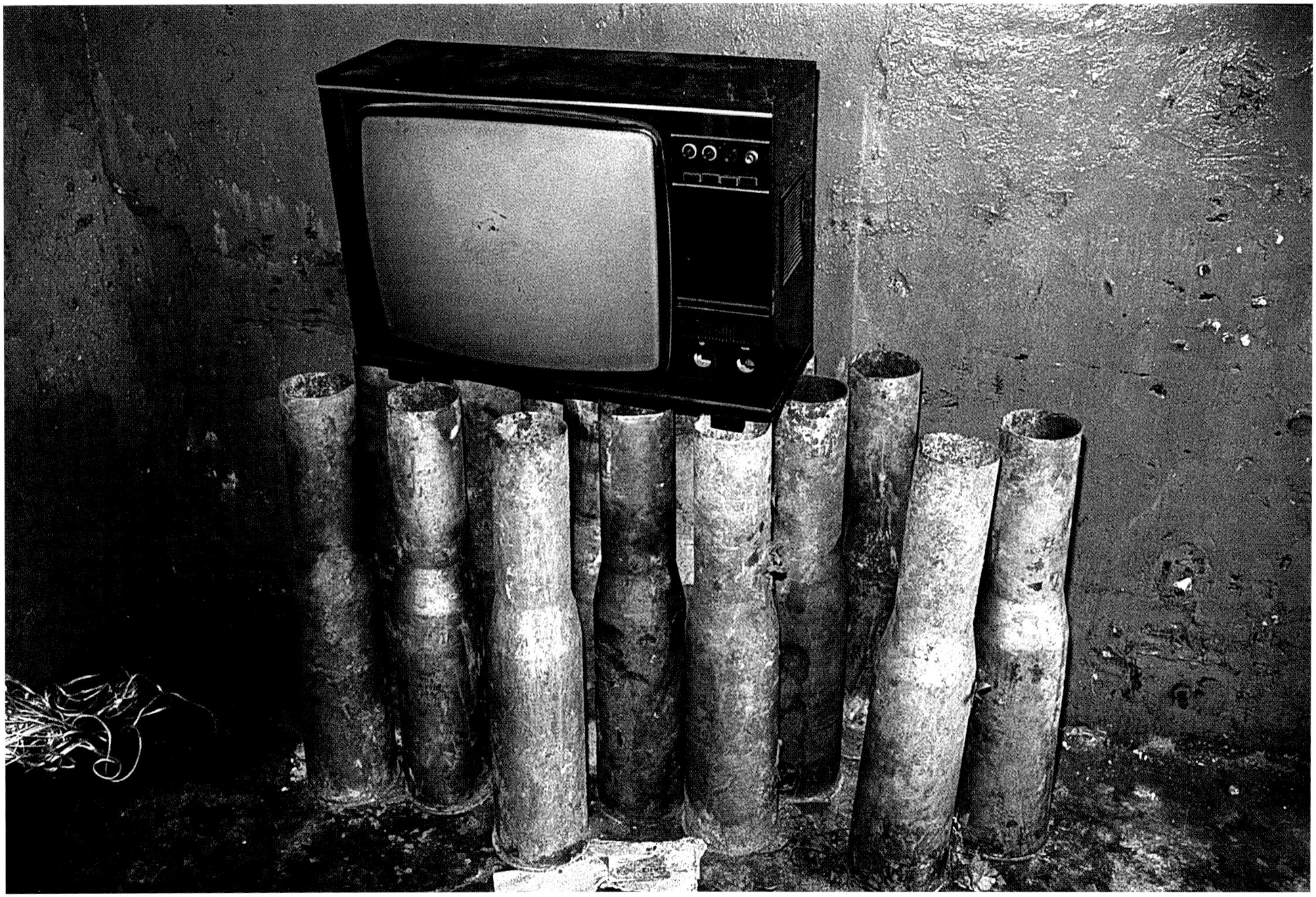

Mladá Boleslav, kasárna po odchodu ruských vojsk | Barracks after the departure of Russian troops, 1991

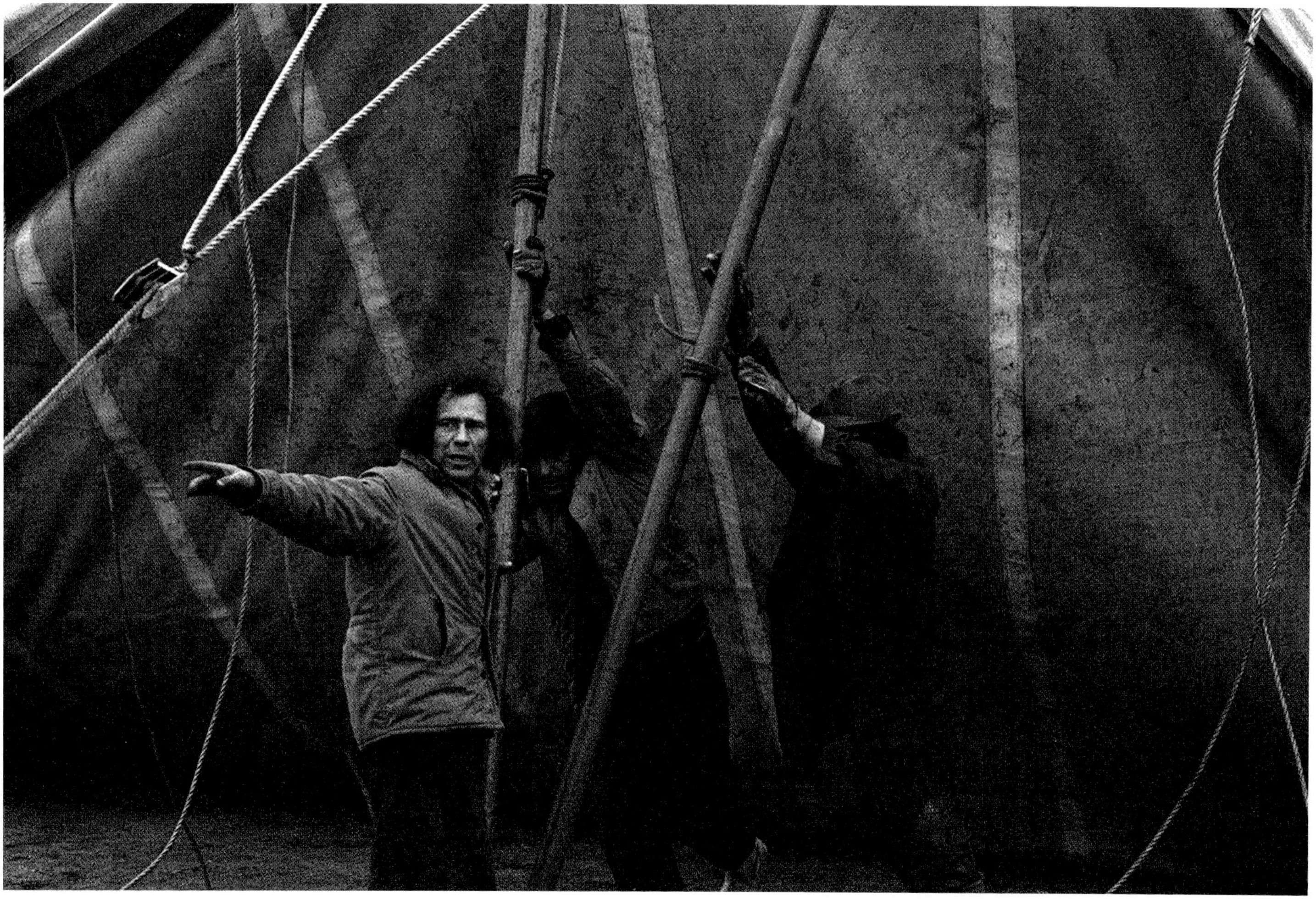

Praha Letná, stavba cirkusového stanu | Raising a circus tent, 1978

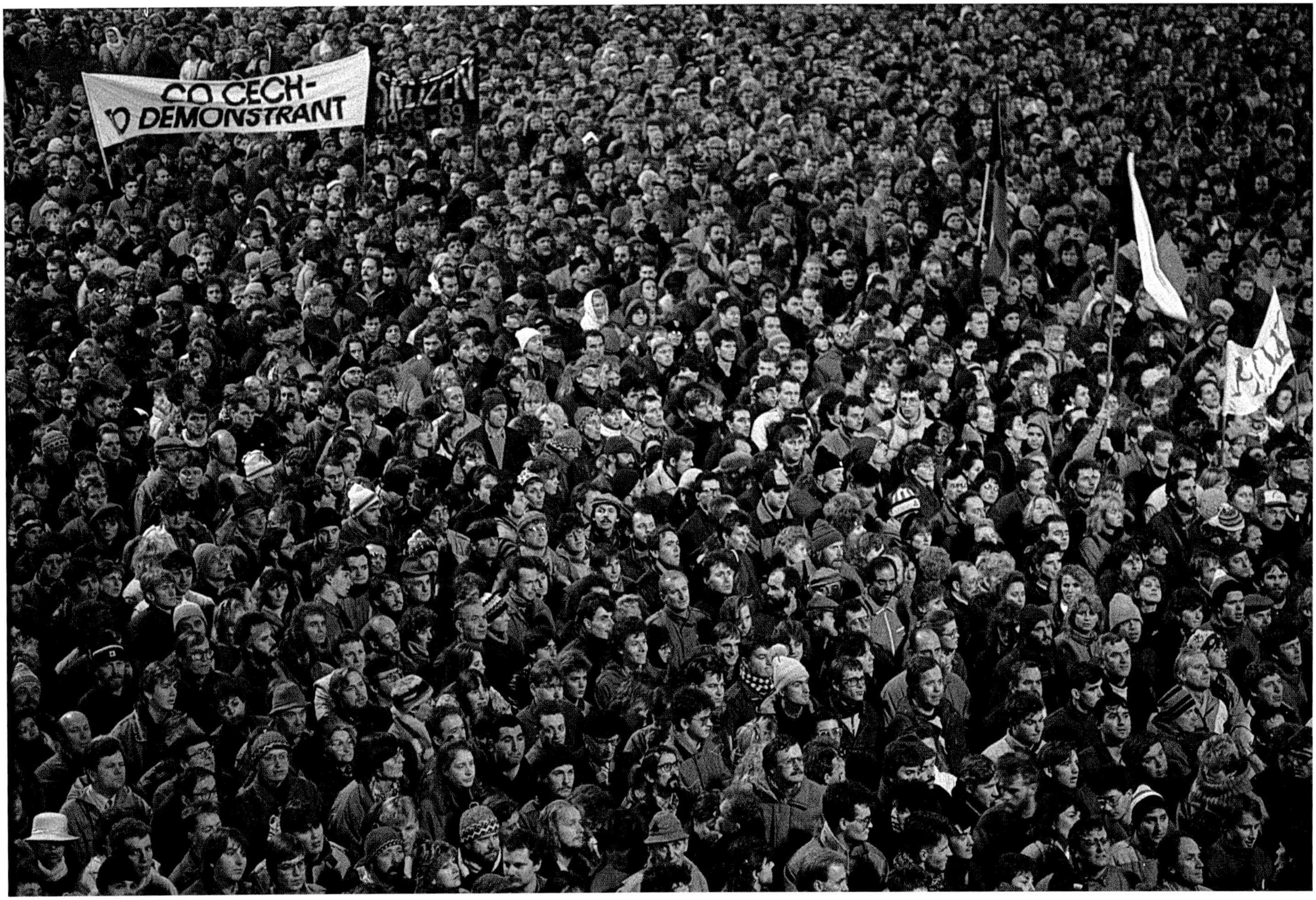

Praha, Václavské náměstí, listopad 1989 | Wenceslas Square, November 1989

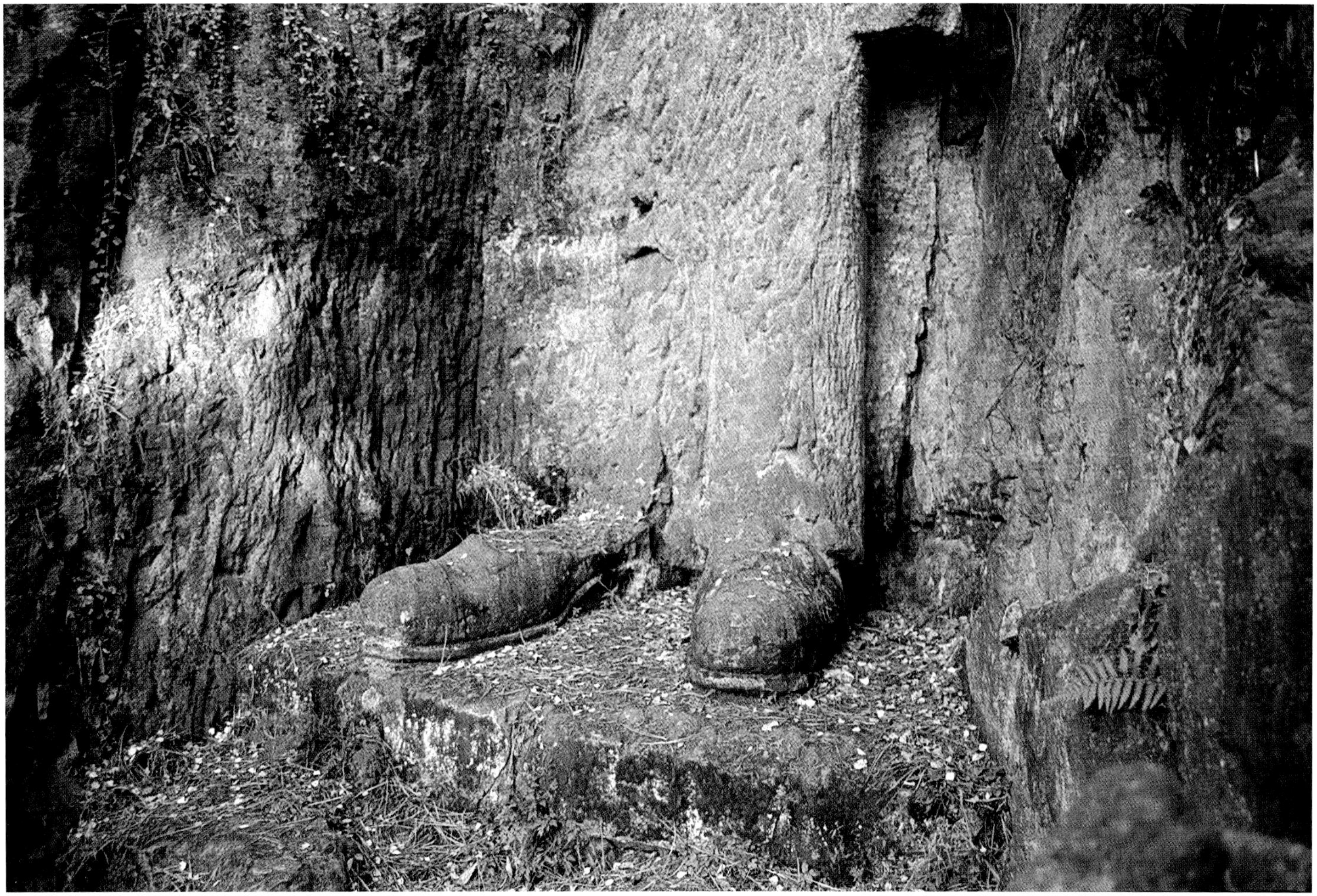

Kunštát, Masarykovy boty z desetimetrové sochy z roku 1928, rozstřílena nacisty
| Masaryk's shoes – fragment of a 10-m-high statue from 1928 destroyed by the Nazis, 1991

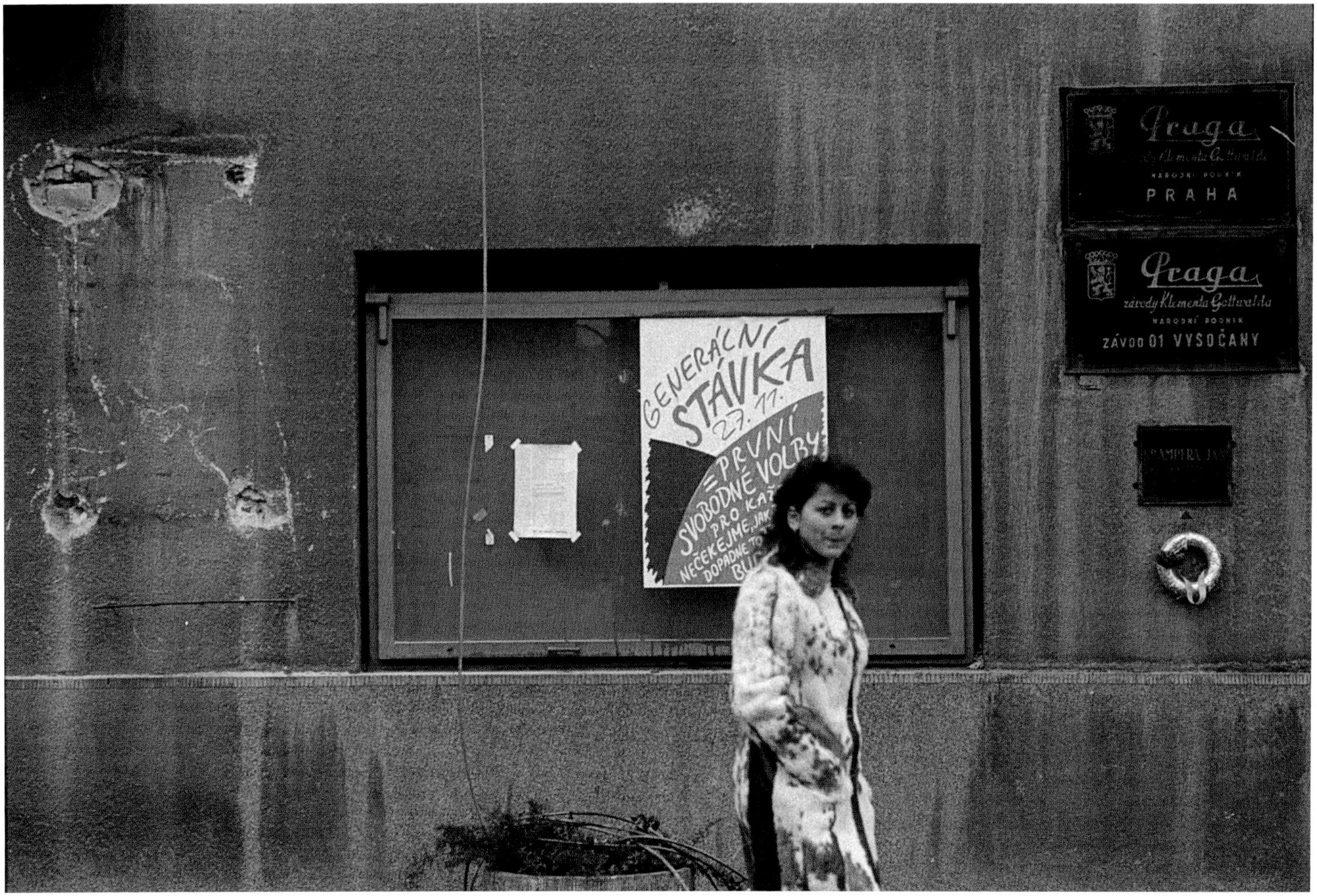

Praha, listopad 1989 | November 1989

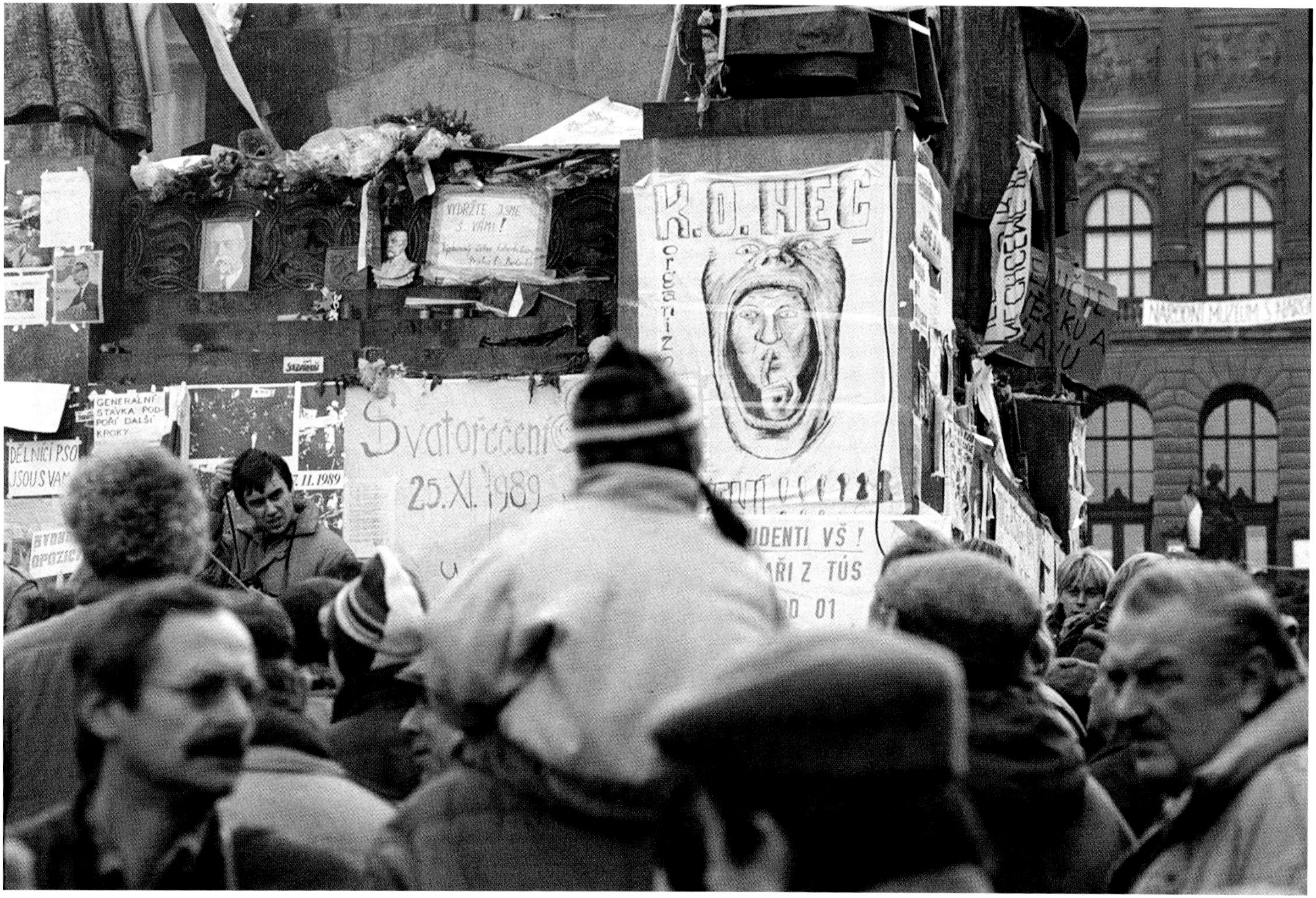

Praha, socha svatého Václava, listopad 1989 | St. Wenceslas statue, November 1989

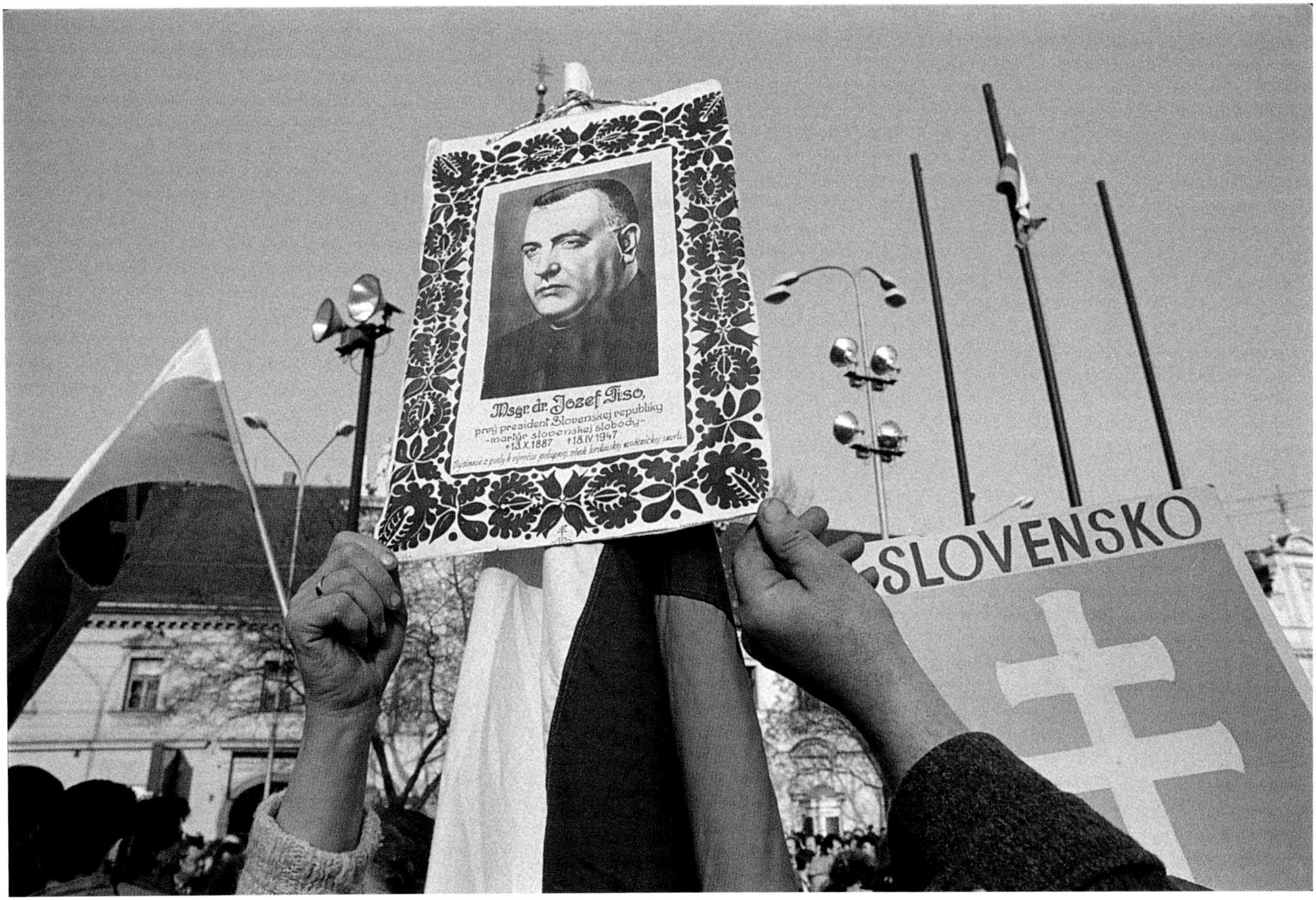

Bratislava, demonstrace za Slovenský štát | Demonstration in support of the wartime Slovak State, 14. 3. 1991

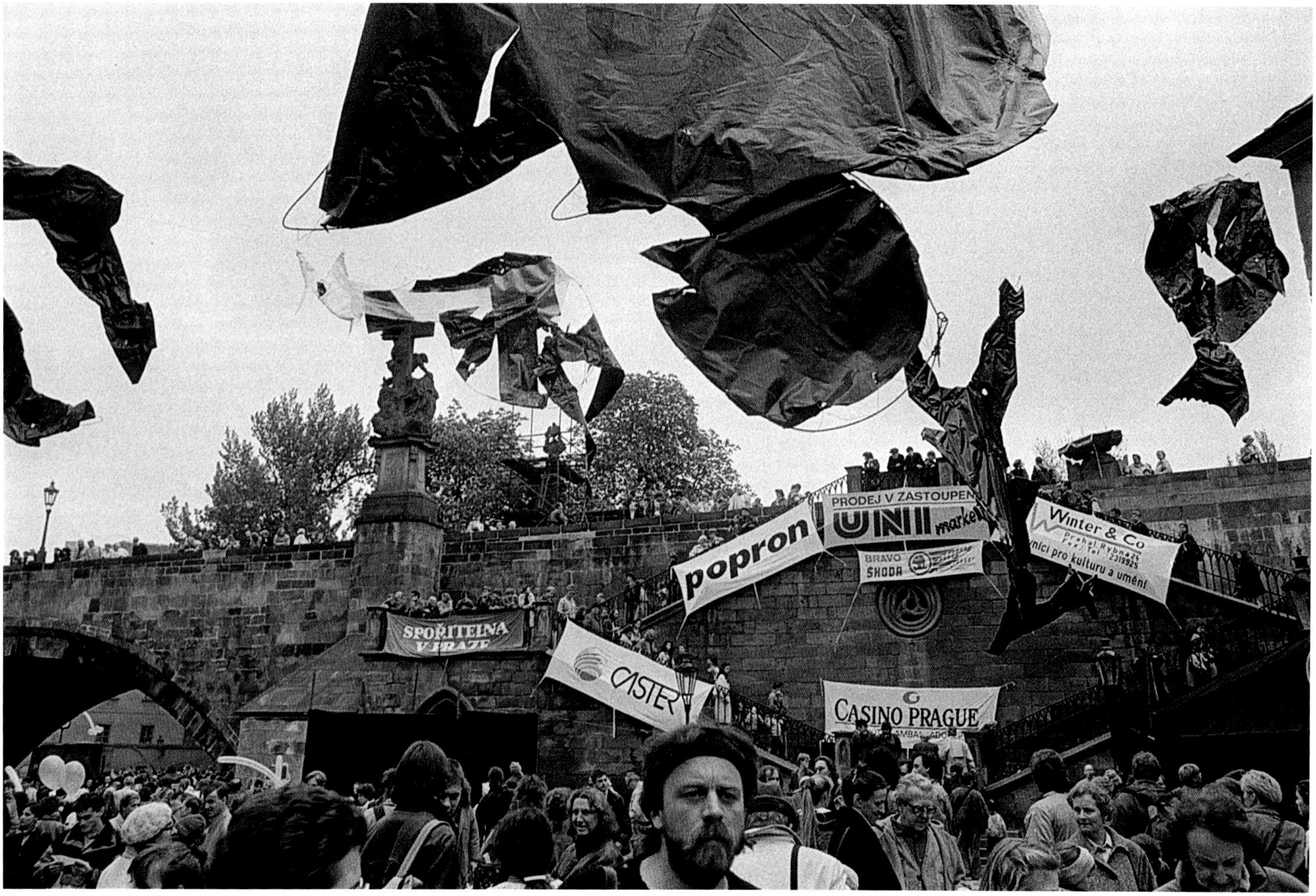

Praha, Karlův most | Charles Bridge, 1991

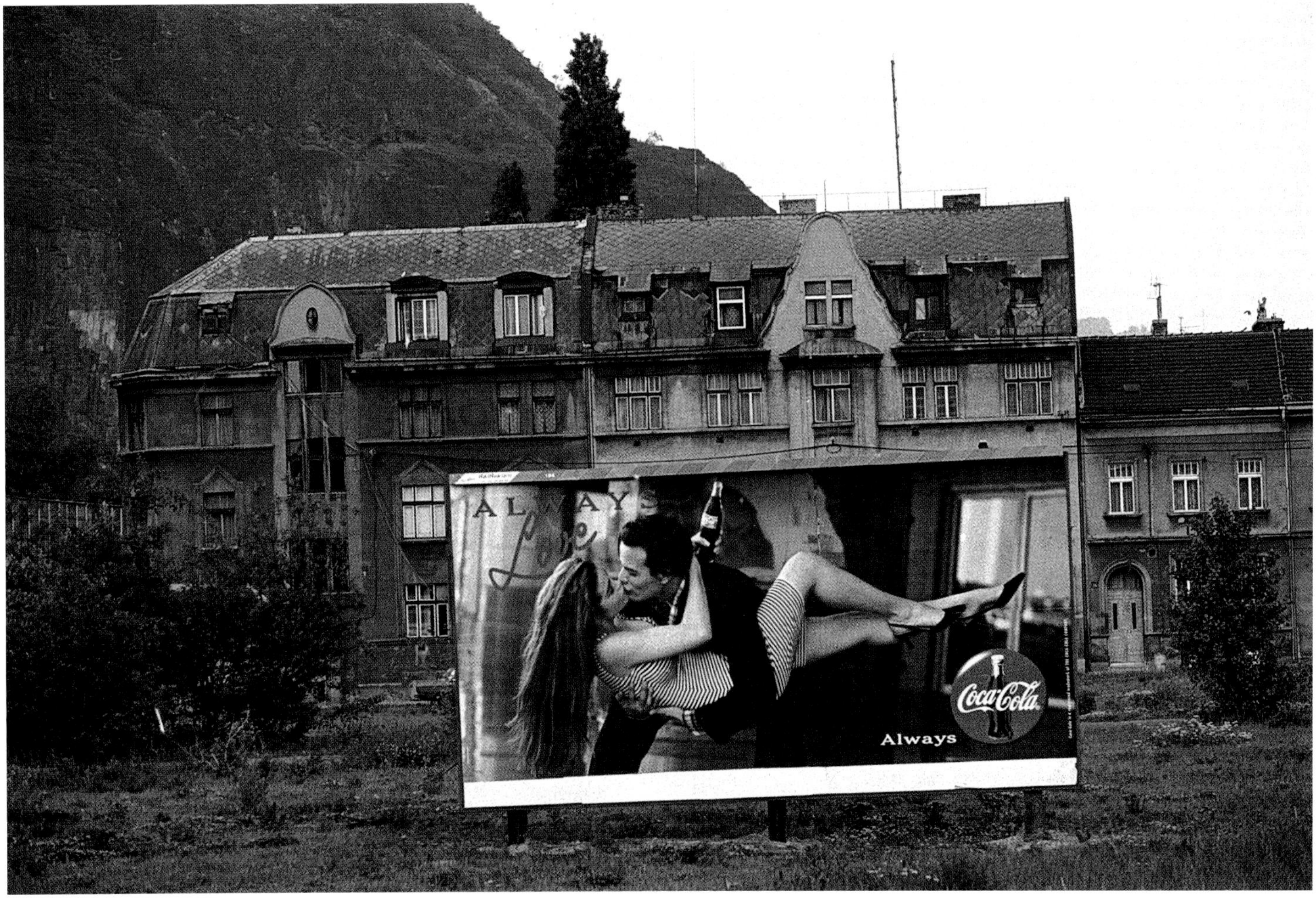

Ústí nad Labem, 1993

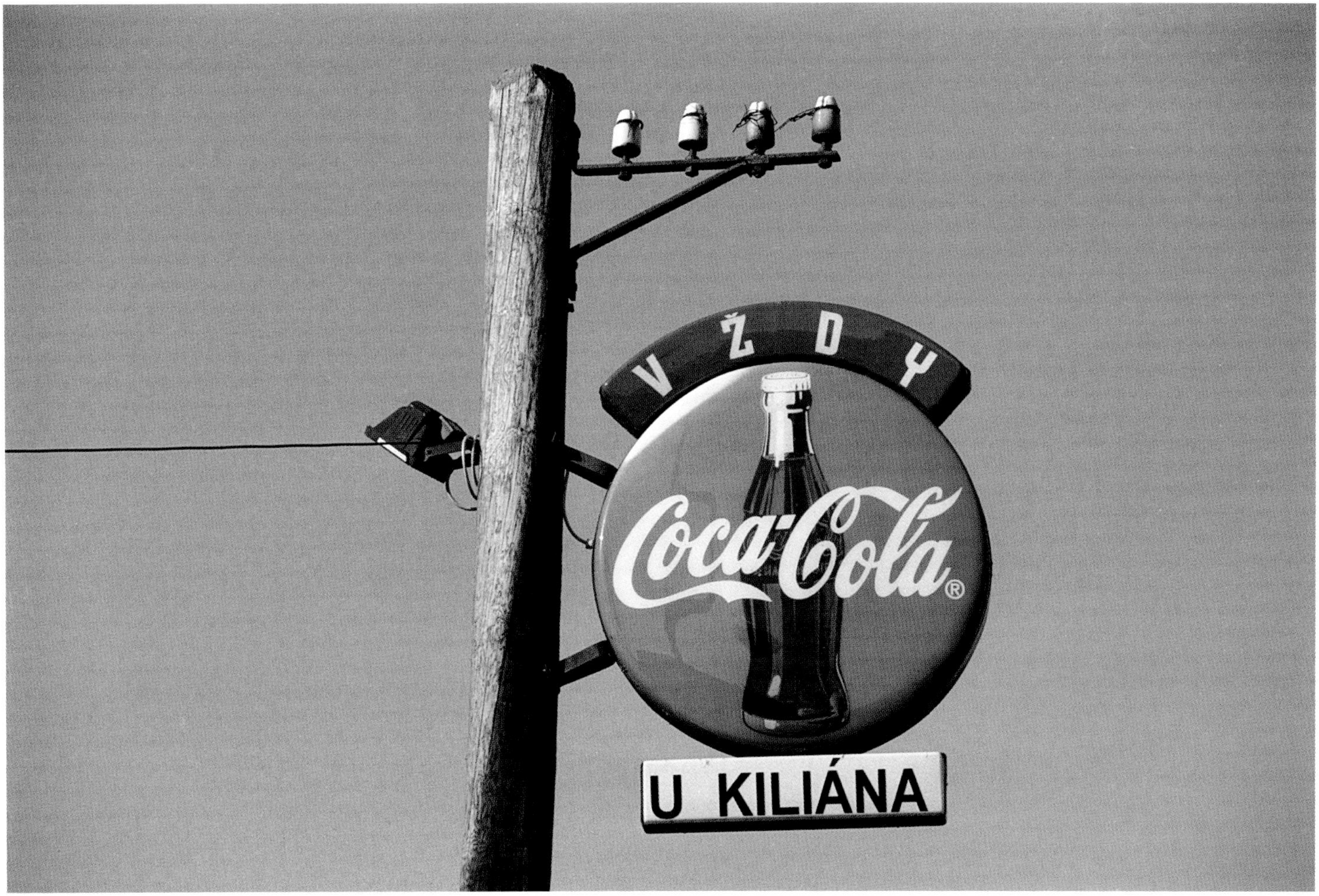

Davle, 1997

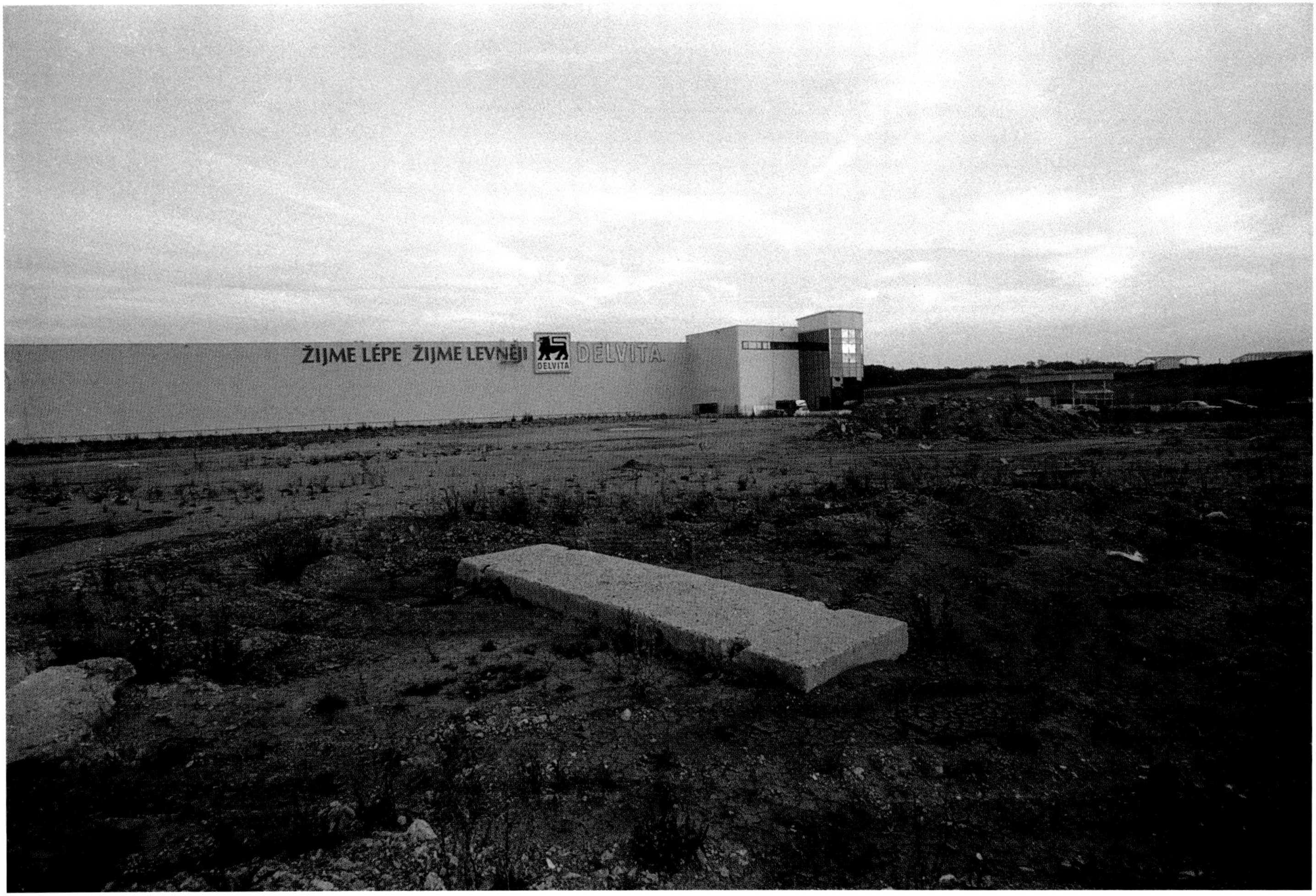

Praha, 1997

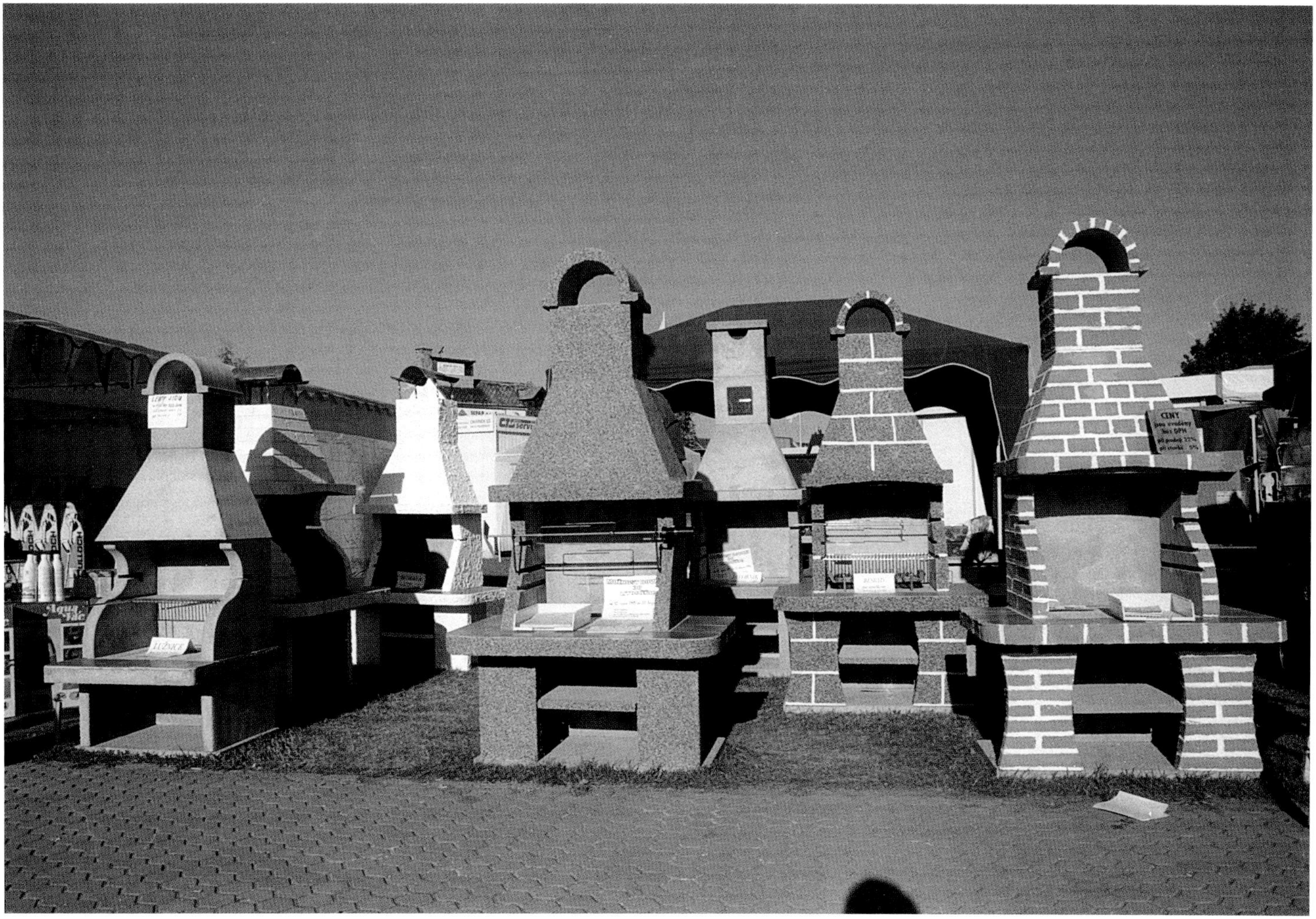

Litoměřice, výstava Zahrada Čech | Litoměřice, the "Garden of Bohemia" exposition, 1997

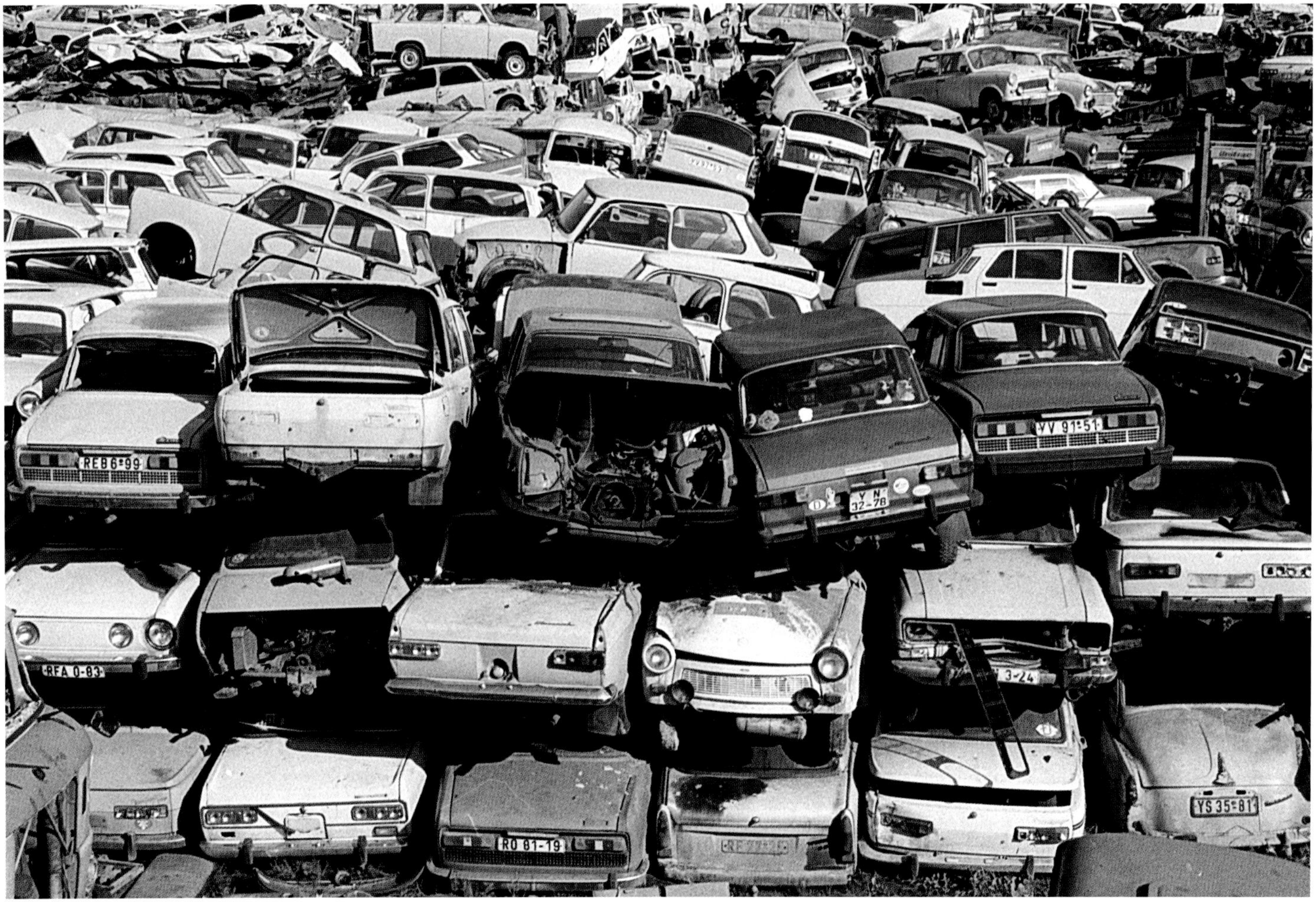

Drážďany | Dresden, 1992

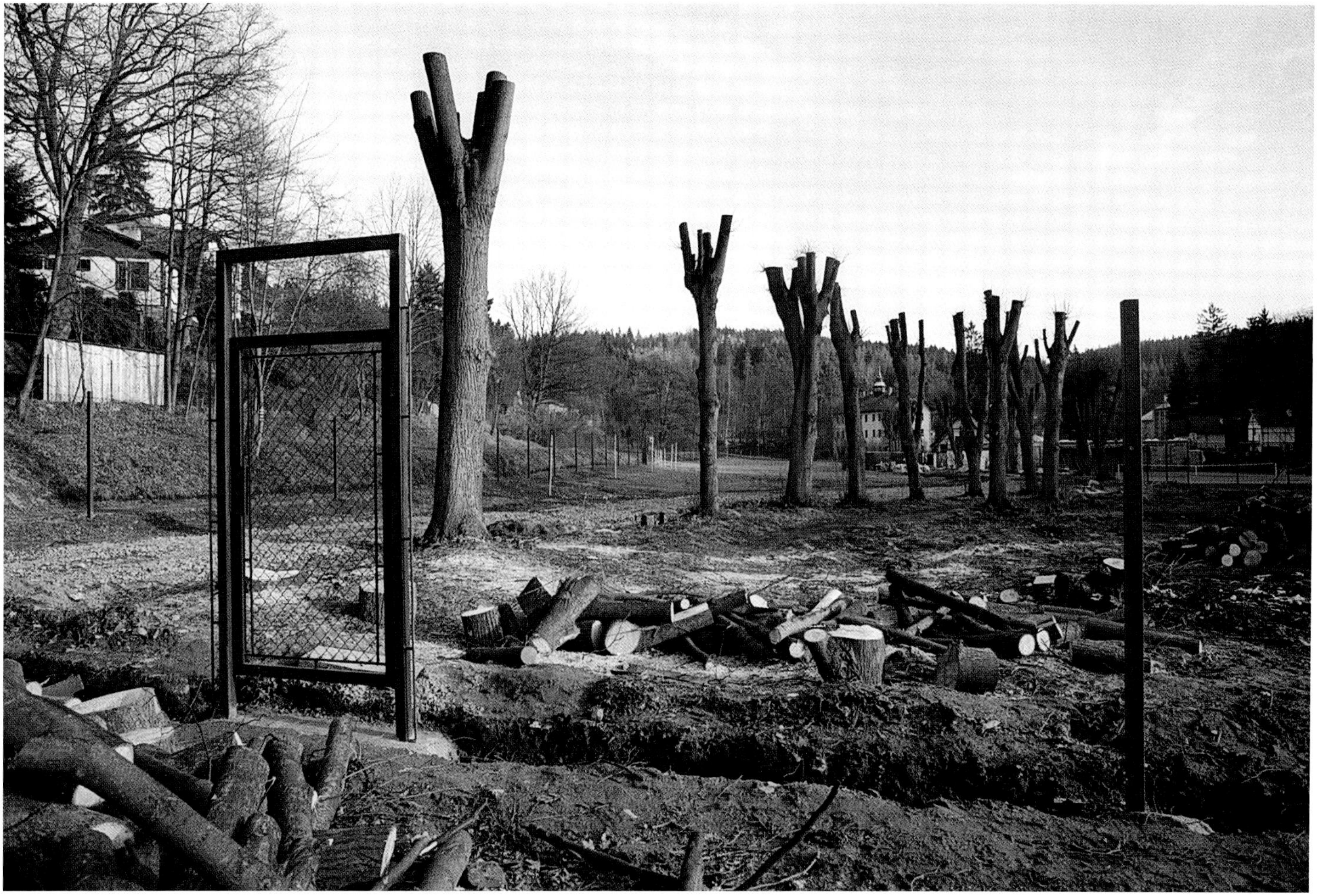

Senohraby, veřejná cesta se stala součástí restituce, majitel neváhal
| Senohraby: a public path restituted as private property, the owner did not hesitate, 1997

Fotograf nesrovnalostí

Běžně: zastavme tohle slovo v jeho běhu! Většinu věcí v životě vídáme běžně, ale pak nás svými snímky překvapí fotograf, který si nemyslí, že bychom měli nechávat svůj pohled po všem jen tak „běžně" přebíhat. To už je pak druh slepoty. A fotograf Jaromír Čejka navíc ukazuje, že leccos, co je běžné, by vlastně běžné vůbec být nemělo. Bohužel někdy potřebujeme i několik desetiletí, než dokážeme ostře uvidět, že něco přímo tlouklo do očí. Jak je možné, že si na to oči tak zvykly a nic zvláštního ani nezaznamenaly? Najednou se nestačíme divit.

V sedmdesátých a osmdesátých letech se Jaromír Čejka, zklamaný návratem komunistických „pořádků", naučil sledovat okolní svět pohledem člověka, který nezapadá. A kdo nezapadá, ten nedůvěřuje zdání, že všechno běží hladce, ale naopak hned zpozoruje, kde co drhne. Pokud má v ruce fotoaparát, zaznamenává hlavně nesrovnalosti. Někdy ani nejsou tolik nápadné: poštovní schránky, které se nedají zamknout, domovní zvonky beze jmen, podivně zazděná okna, nechtěně dvojsmyslné nápisy za výlohou… Pak jsou zase nesrovnalosti, které se naopak vystavují na odiv s drzou nestoudností: nabubřelá hesla na oprýskaných zdech, garáže v těsném sousedství barokních kapliček, jednotvárná sídliště od obzoru k obzoru. A něco už dojde jen pozorovatelům hodně všímavým nebo do věci zasvěceným: před navenek nenápadnými okny služebny StB mohou nakonec i okrasné rostliny zabalené do papírů začít bezděčně „svědčit" o době, která si zakládá na lidech bez tváře.

Politické změny po listopadu 1989 ve většině prováděli lidé, kteří si z předchozích časů nesli lehčí nebo těžší poznamenání. A znovu někteří zapadali úplně bez potíží, ale jiní hůř. Přineslo to víc nesrovnalostí, než se zprvu zdálo. Jaromír Čejka vzpomíná, jak nevítané byly jeho fotografie zvlášť v tom prvním období, kdy jako by ani nebylo vhodné zaujímat kritický odstup a pohlížet na nové poměry s nedůvěrou. Dnes už víme, že ani tehdy nemělo být připustné všechno, co bylo běžné. Víme to, protože nás to nakonec nepříjemně doběhlo. Křupanství čerstvých zbohatlíků měnilo českou krajinu stejně bezohledně jako předtím plnění plánů od pětiletky k pětiletce. Když šlo o výhodný obchod, mizely často poslední zbytky slušnosti a lidství. Čejkovi neunikalo, kolik je toho kolem něj pokřiveného, a proto dnes jeho fotografie z devadesátých let překvapují tím, jak byly – neběžně – prozíravé.

Ale nerad bych, aby z těchto úvah nakonec Jaromír Čejka vyšel jen jako věčný nespokojenec, který všude hledá jen potvrzení svých chmurných úvah. Nesrovnalosti totiž nejsou pokaždé jen nežádoucí. Vždyť i každý skutečně cenný, vědomě prožitý okamžik je určitou nesrovnalostí, malou slavností, kdy se nás podařilo vytrhnout z běžnosti.

Dobrá fotografie vlastně říká, že právě teď něco nemohla nechat jen tak běžet, ale stálo jí to za uchování. Kolikrát v životě se můžeme jen tak zastavit a sledovat, jak se děti na mořské pláži proplétají mezi větvemi stromu a pak se při skoku na okamžik proměňují ve znaky psané do vzduchu? A kolikrát v životě kolem nás proběhne kůň, který za sebou táhne půlku starého auta? Dílo dobrého fotografa, jakým Jaromír Čejka je, nám ve výsledku dovoluje zahlédnout jeden až osudový klam: život každého z nás sice běží, ale na tom, že běží, není běžného vůbec nic.

Jaromír Typlt

Photographer of Irregularities

Ordinary. Let's stop that word in its tracks! We see most things in life in an ordinary manner, but then a photographer comes along and surprises us with his images, a photographer who thinks we shouldn't let our gaze just "ordinarily" pass over things. That's a kind of blindness. And Jaromír Čejka shows us that many ordinary things shouldn't actually be ordinary at all. Unfortunately, it sometimes takes us several decades before we are capable of seeing something that has been right before our eyes all along. How is it that our eyes could get so used to something, so accustomed that they didn't notice anything unusual? And then, suddenly, we are overwhelmed with wonder.

In the 1970s and 1980s, Jaromír Čejka, dismayed at the return of the communist "order," learned to watch the world around him through the eyes of someone who doesn't fit in. And if someone doesn't fit in, then he doesn't trust the illusion that everything is going smoothly. Instead, he immediately notices where things are not working. If he has a camera, he mainly photographs irregularities. Sometimes, they're not even all that obvious: mailboxes that can't be closed, doorbells without names, strangely bricked-up windows, unwitting double-entendres on signs in shop windows... And then there are irregularities that put themselves on display with a brazen lack of shame: pompous slogans on cracked walls, garages right next to Baroque chapels, monotonous high-rise housing estates stretching from horizon to horizon. Other things are noticed only by highly perceptive observers or by those in the know: Placed before the seemingly inconspicuous windows of an office of the secret police, even ornamental plants wrapped in paper may begin to unwittingly "testify" about an era that preferred people without faces.

The political changes after November 1989 were for the most part implemented by people who, in some greater or lesser way, had suffered under the previous regime. And once again, some fit in without difficulty while others fared worse. This led to more irregularities than it initially seemed. Čejka remembers how unwelcome photographers were, especially in the early years, when it was considered out of place to take a critically objective view and question the new state of affairs. Today we know that even then not everything that was ordinary should have been allowed. We know this because it eventually caught up with us quite unpleasantly. The boorishness of the nouveau riche changed the Czech landscape just as ruthlessly as the fulfilment of one five-year plan after another. When it came to business, the last shreds of decency and humanity often went out the window. Čejka didn't fail to notice how many things around him had been twisted and distorted, and for this reason his photographs from the 1990s surprise us by their uncommon insight.

I would nevertheless hate for Jaromír Čejka to come away sounding like a perpetual malcontent always seeking to confirm his gloomy outlook on life. Irregularities are not always undesirable. After all, every truly valuable, consciously experienced moment is a kind of irregularity, a small celebration of when we have managed to escape ordinariness.

A good photograph essentially says that a particular thing couldn't just be let to run its course, but that it was worth preserving. How many times in our lives can we stop and watch children on a beach climb the branches of a tree and then, as they jump, be momentarily transformed into characters, symbols written in the air? And how many times in our lives does a horse run past us while pulling half of an old car behind it? In the end effect, the work of a good photographer such as Jaromír Čejka allows us to glimpse a fateful illusion: Our lives keep moving forward, but there is nothing ordinary about that at all.

Jaromír Typlt

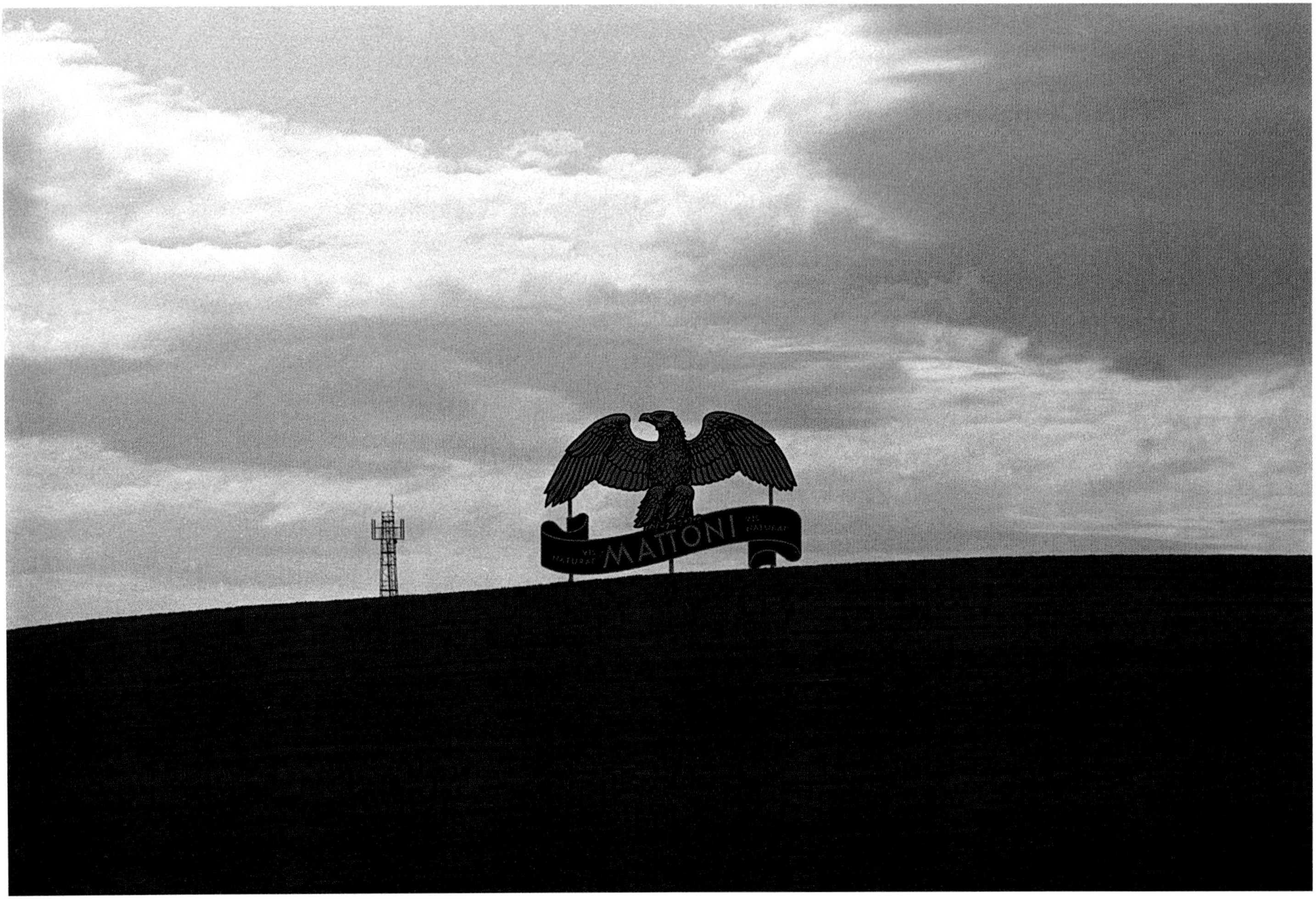

Pole u dálnice D1 | Field near the D1 motorway Praha – Brno, 1999

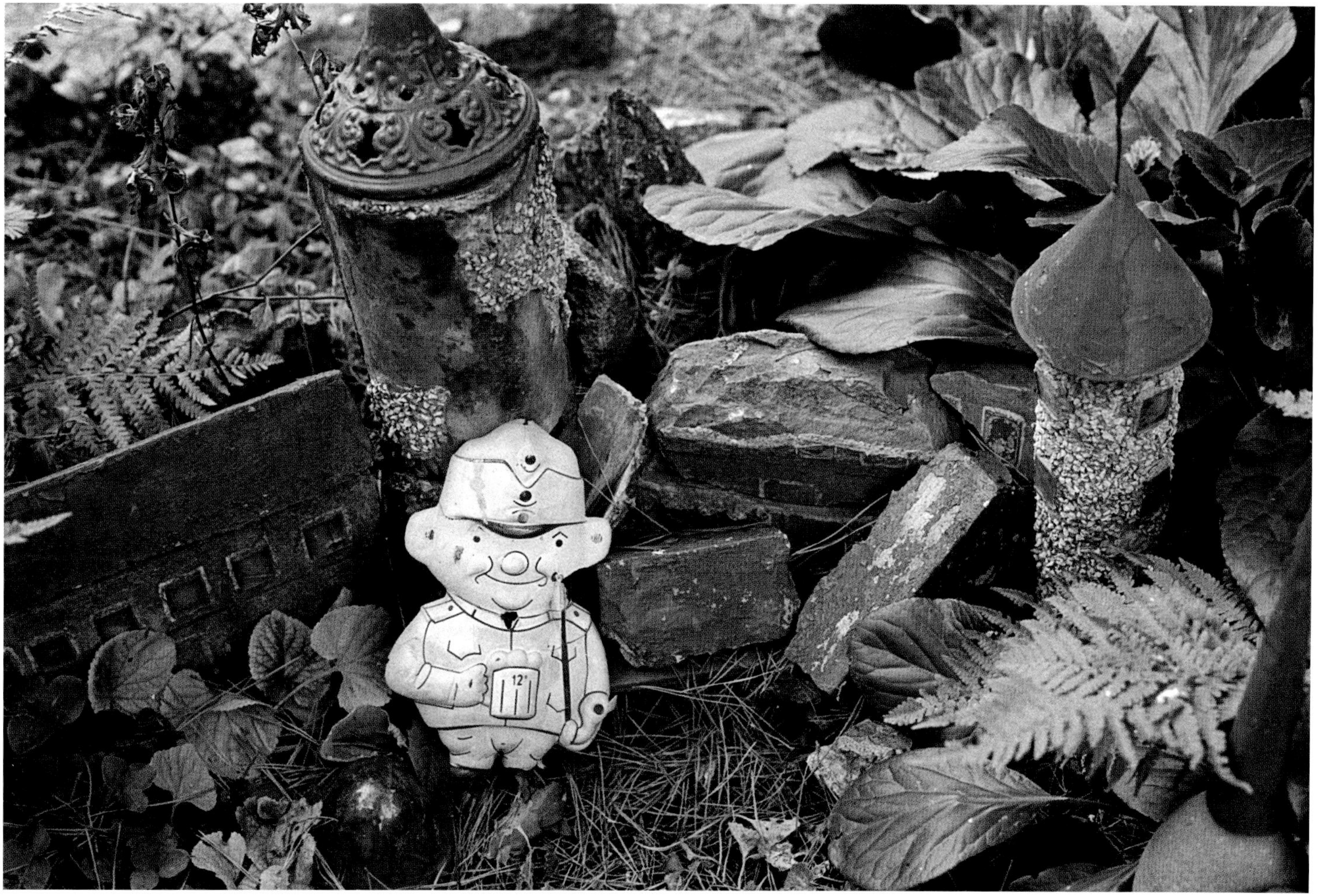

Miroslav, 1994

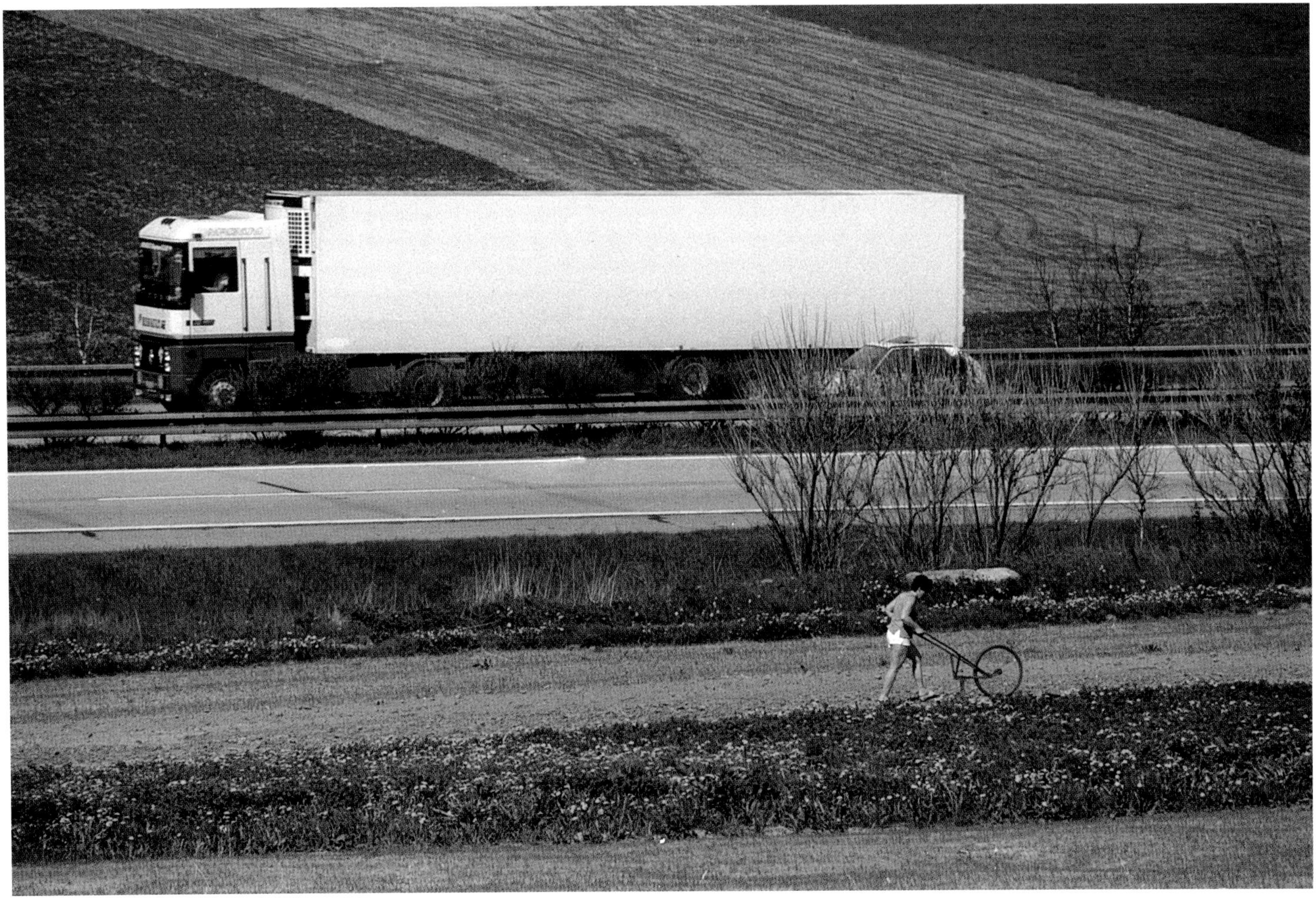

Dálnice D1 | D1 motorway, Praha – Brno, 1997

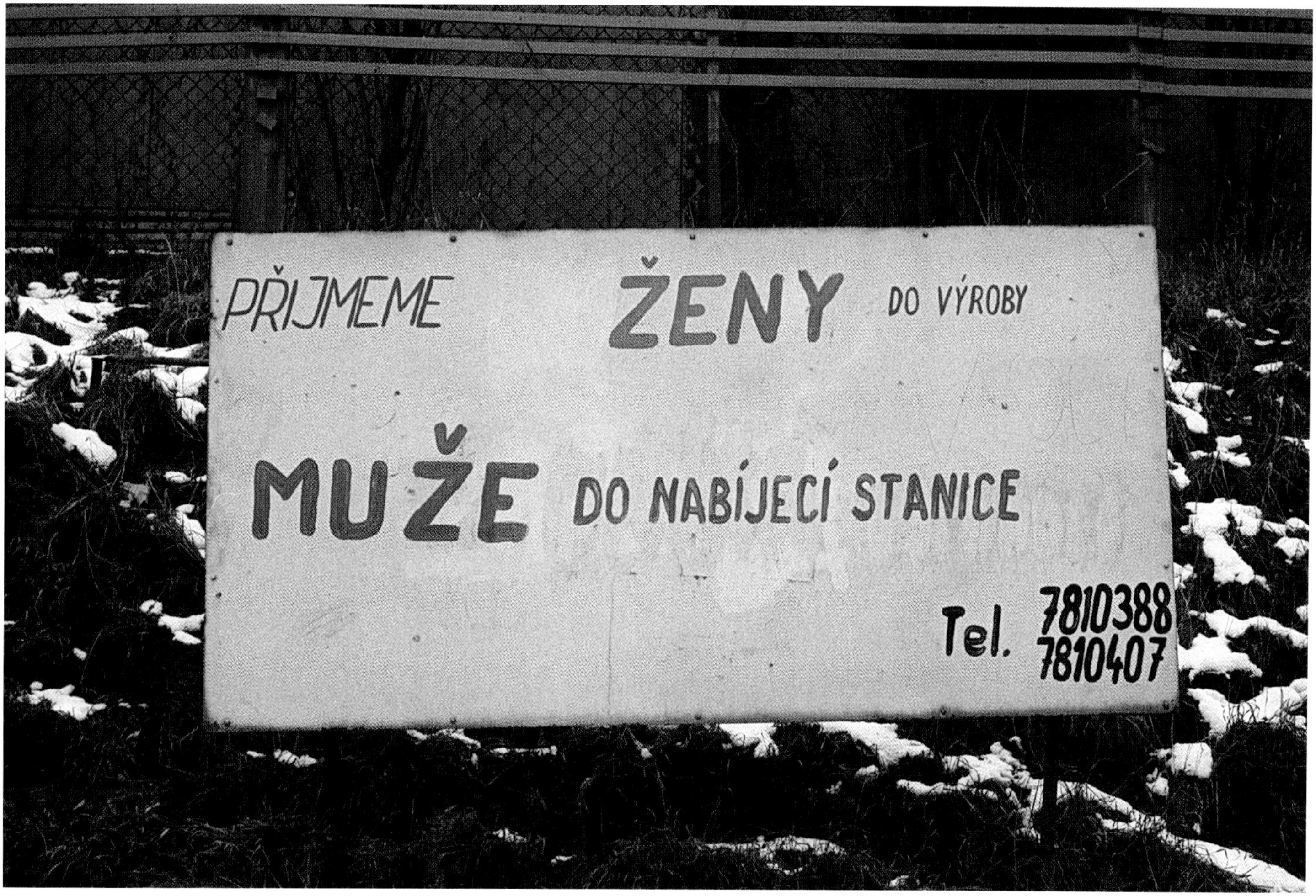

Praha | Accepting women for production line, men for charging station, 1997

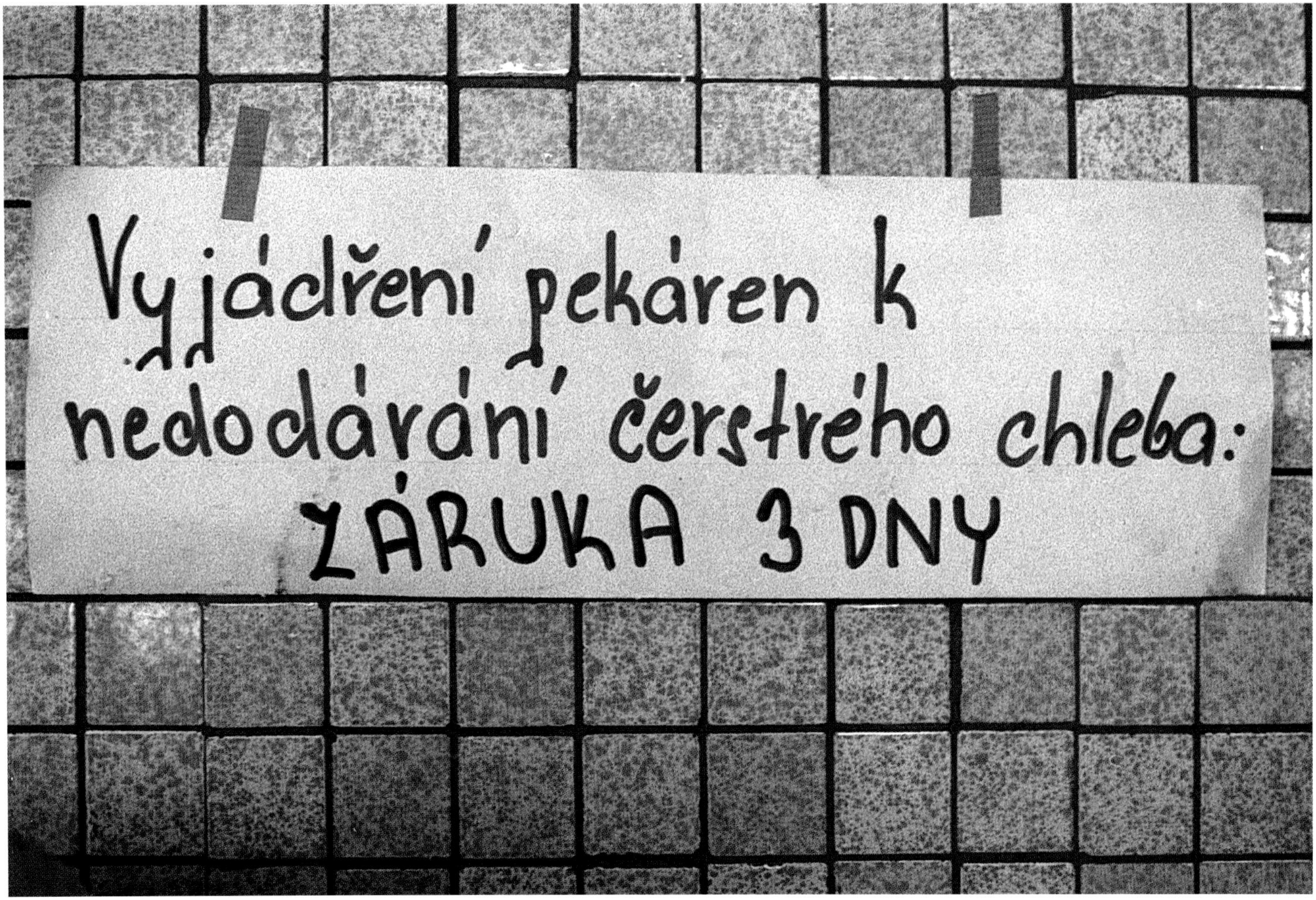

Praha | Response of the bakeries to the lack of fresh bread: guaranteed for 3 days, 1989

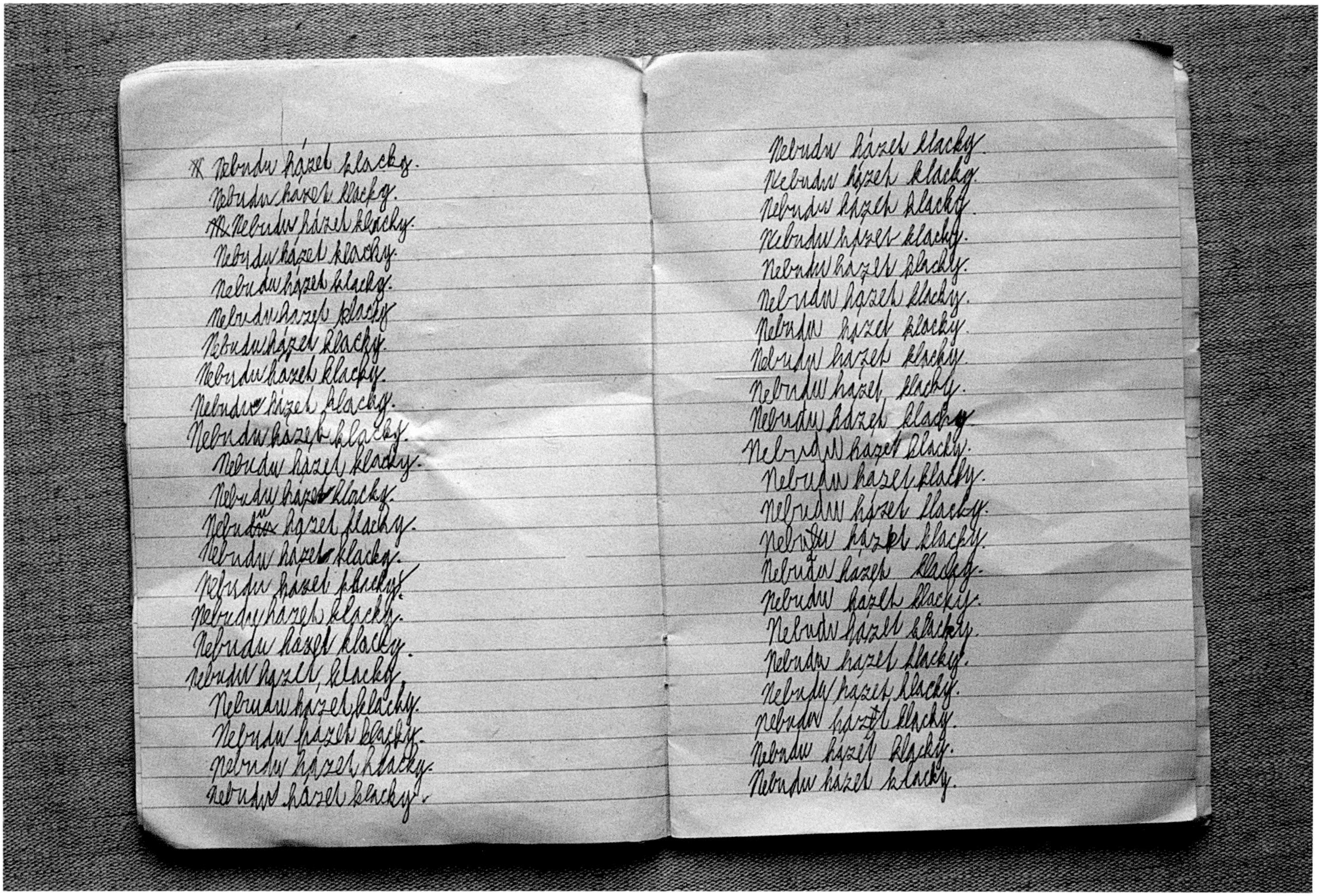

Praha | I will not throw sticks, 1987

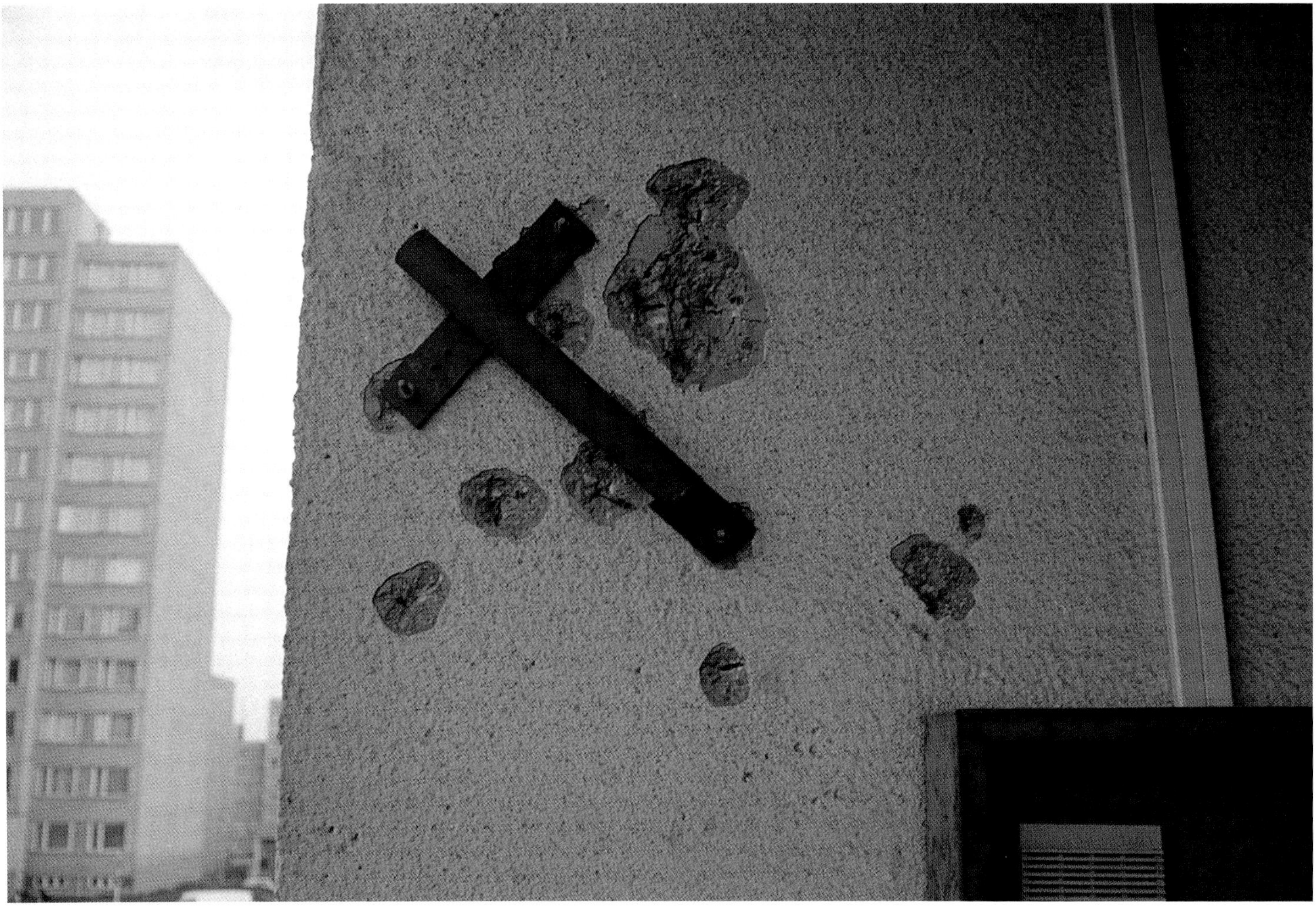

Praha, sídliště Jižní Město | South Town housing estate, 1984

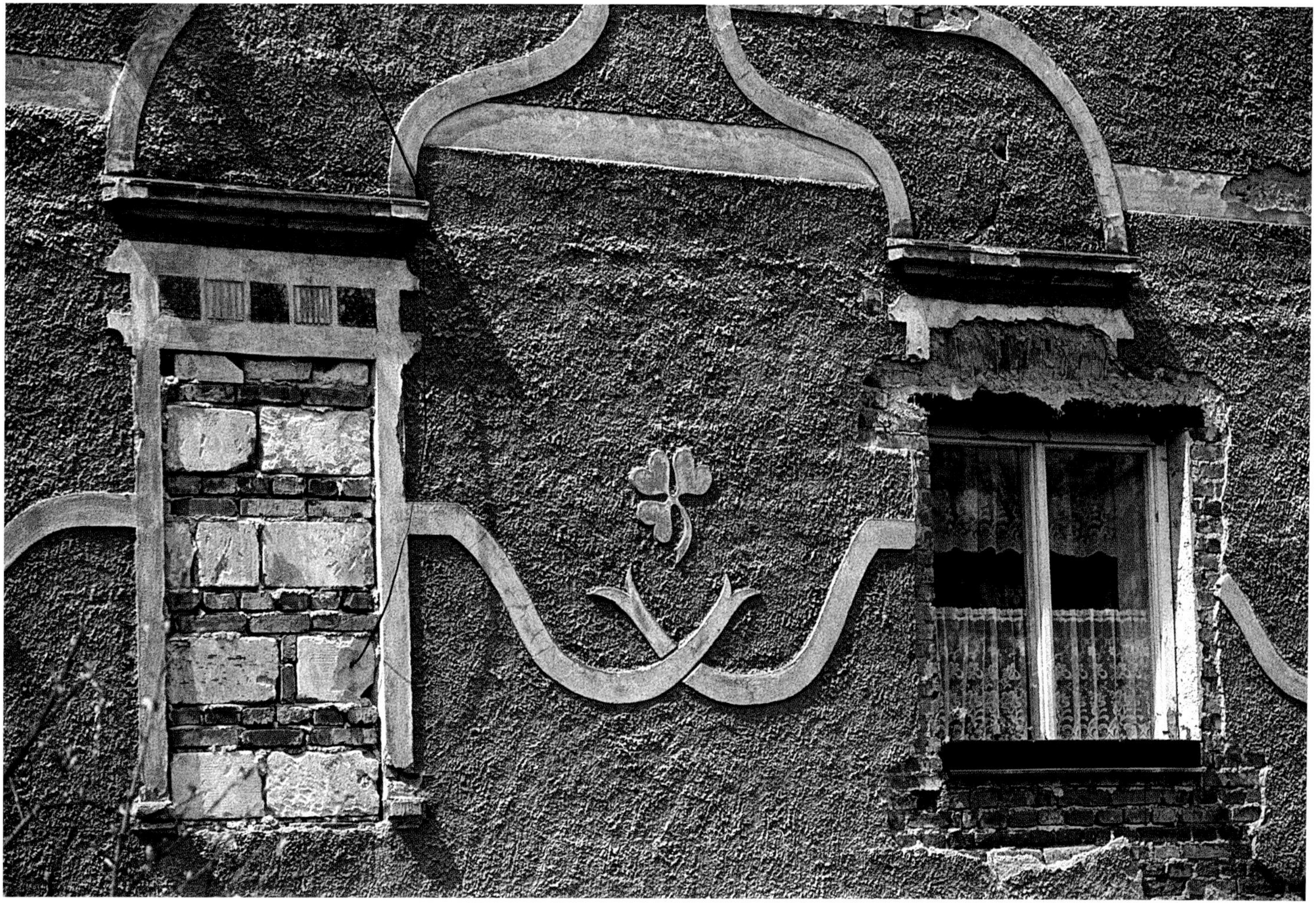

Mutěnín, 1994

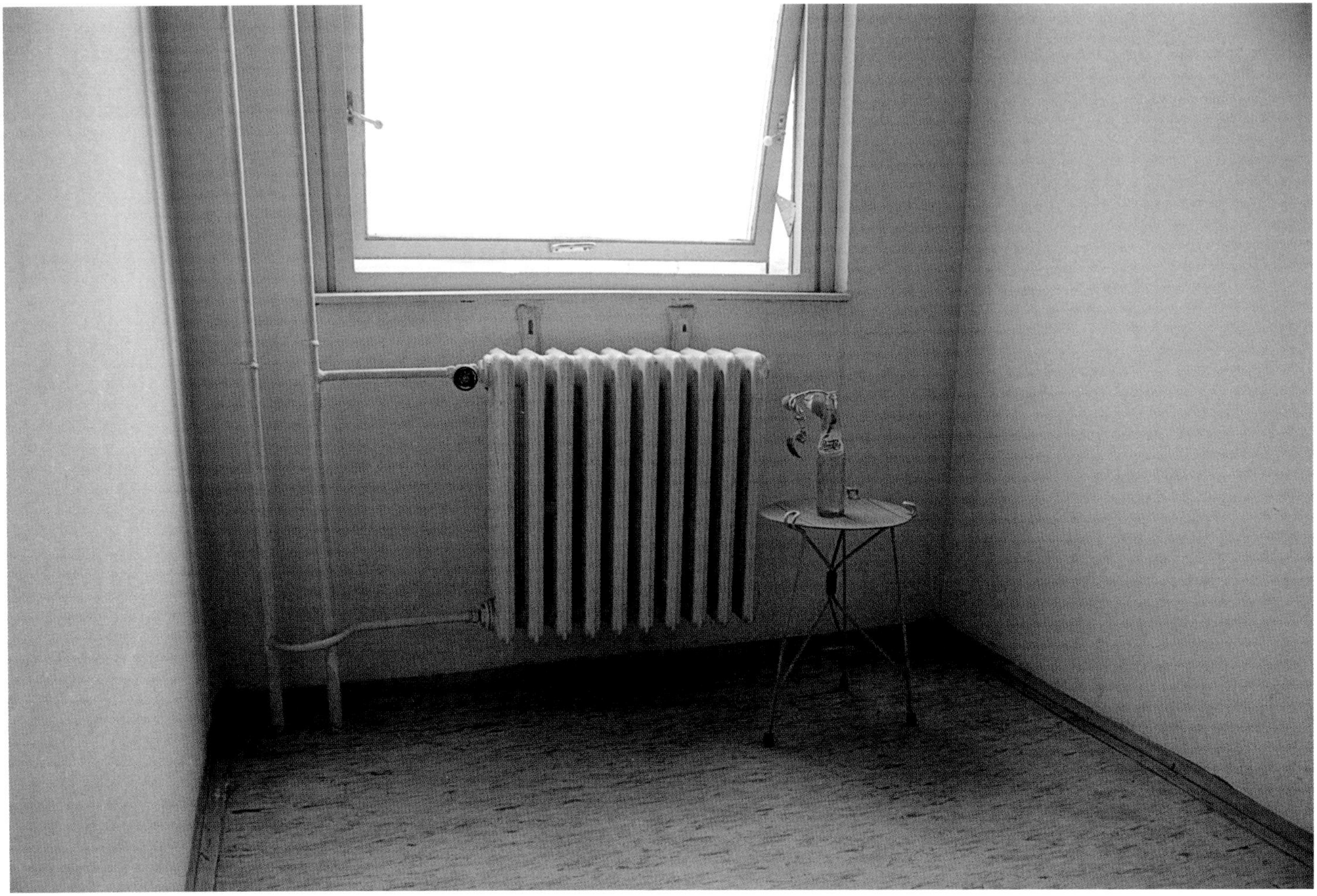

Praha, sídliště Jižní Město | South Town housing estate, 1984

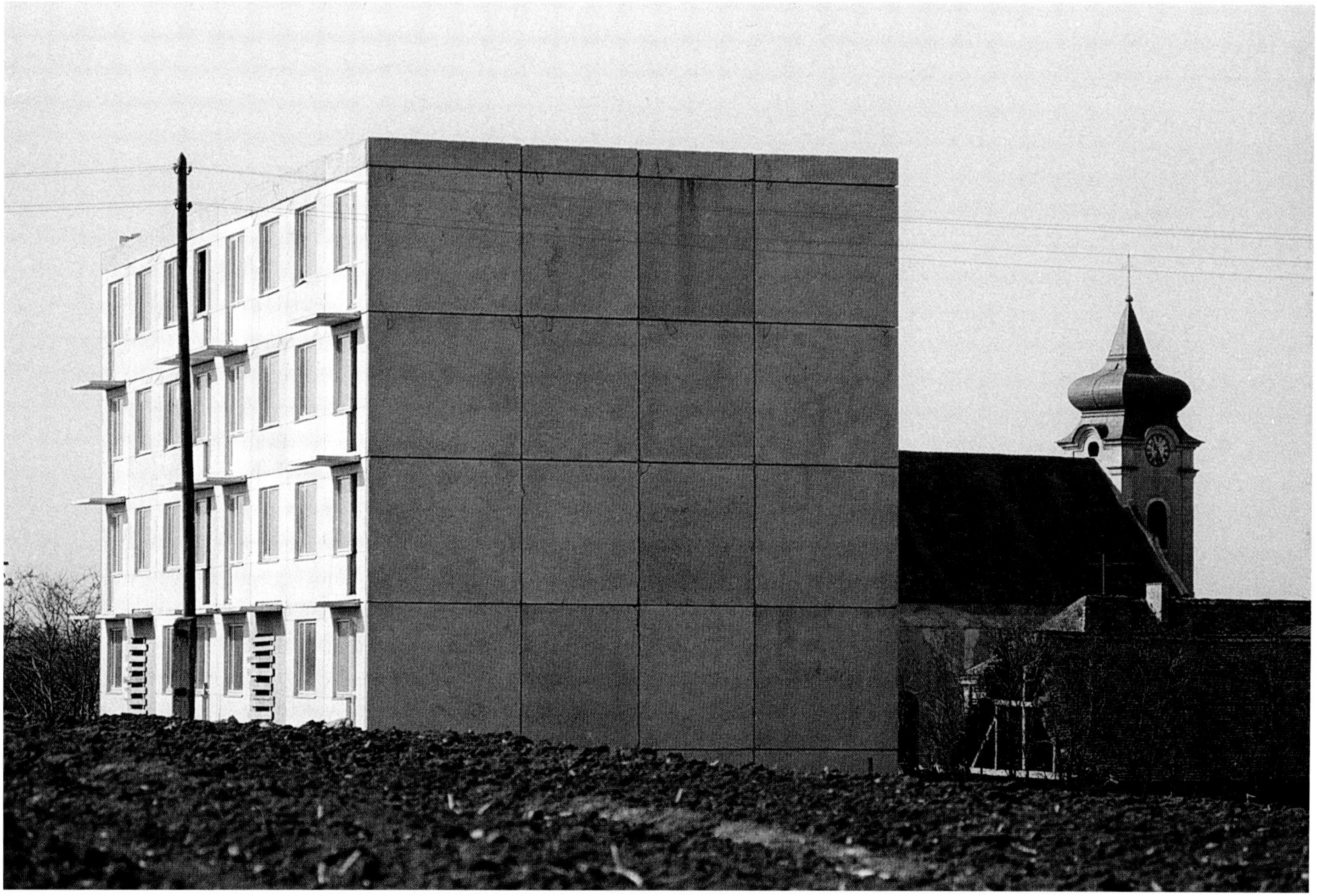

Miroslav, 1980

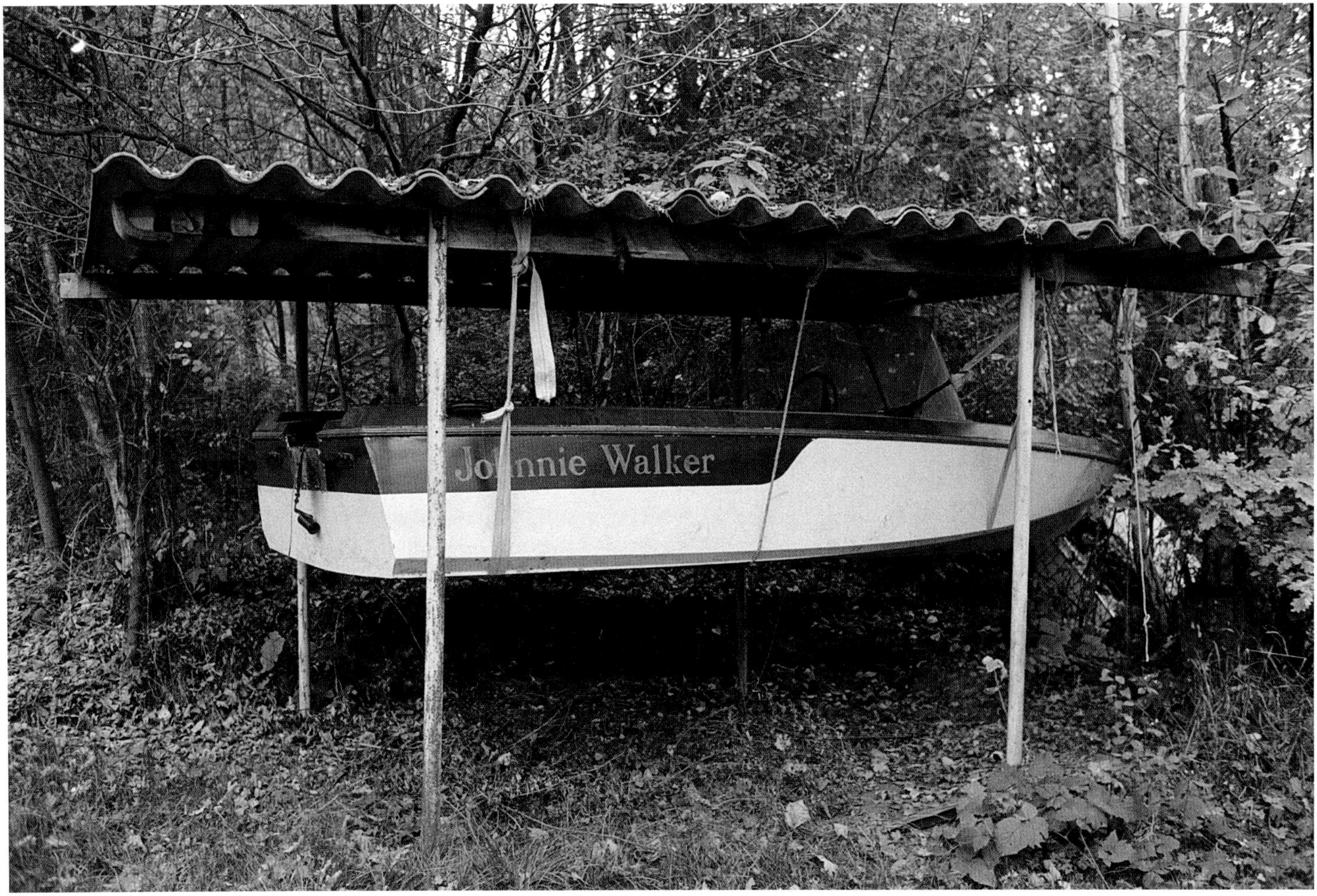

Měřín, Slapská přehrada | Slapy Dam, 1988

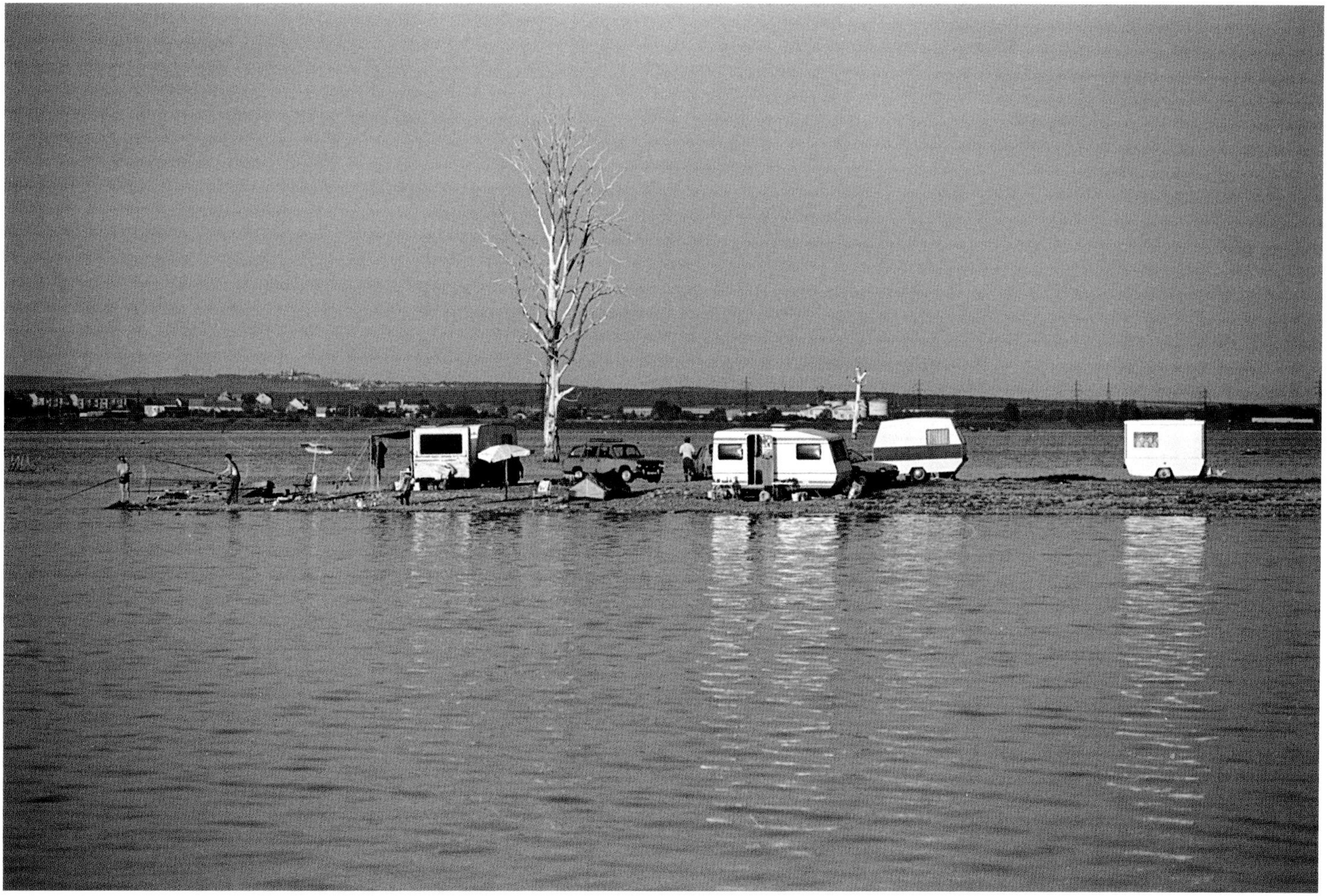

Nové Mlýny, zatopené lužní lesy | Flooded riparian forests, 1997

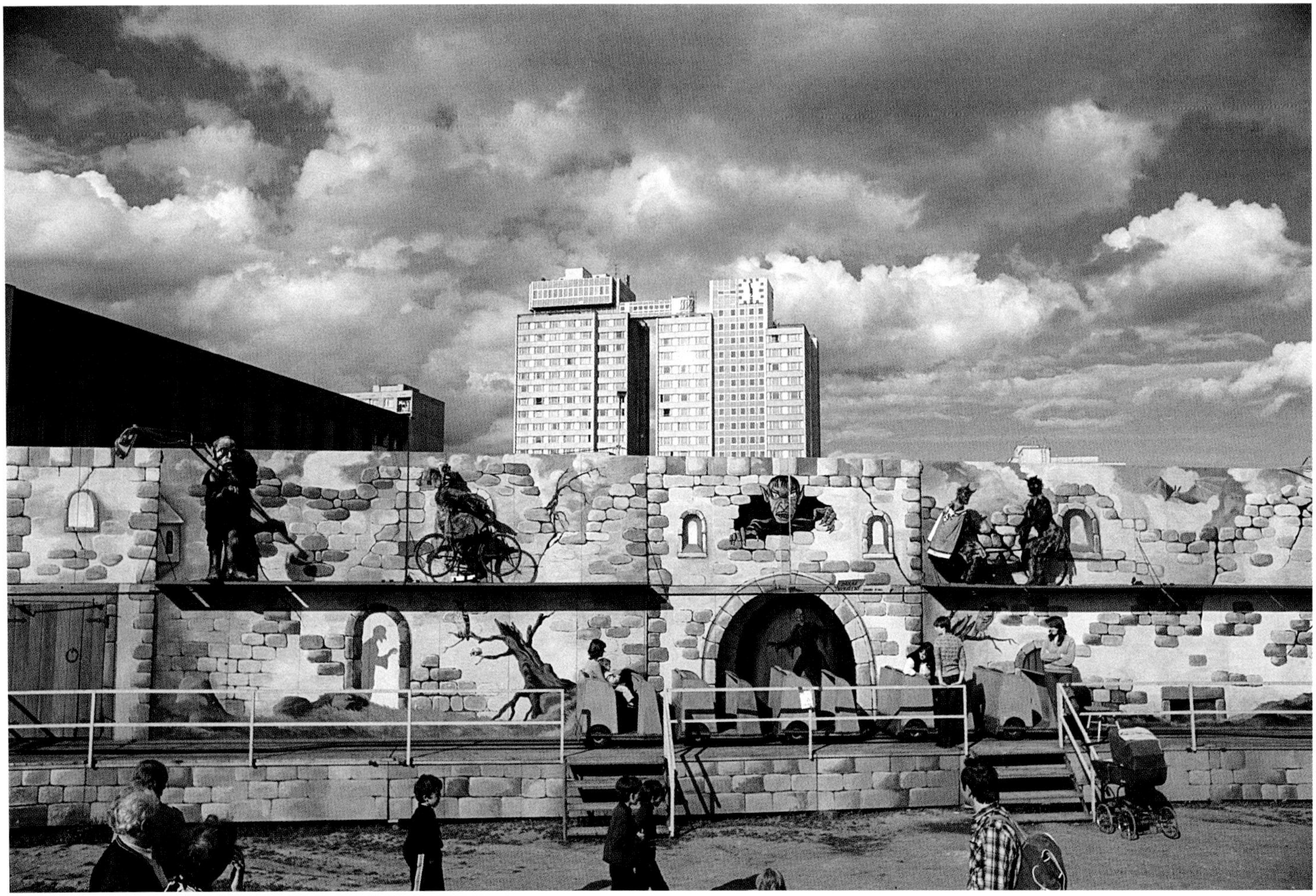

Praha, sídliště Jižní Město | South Town housing estate, 1984

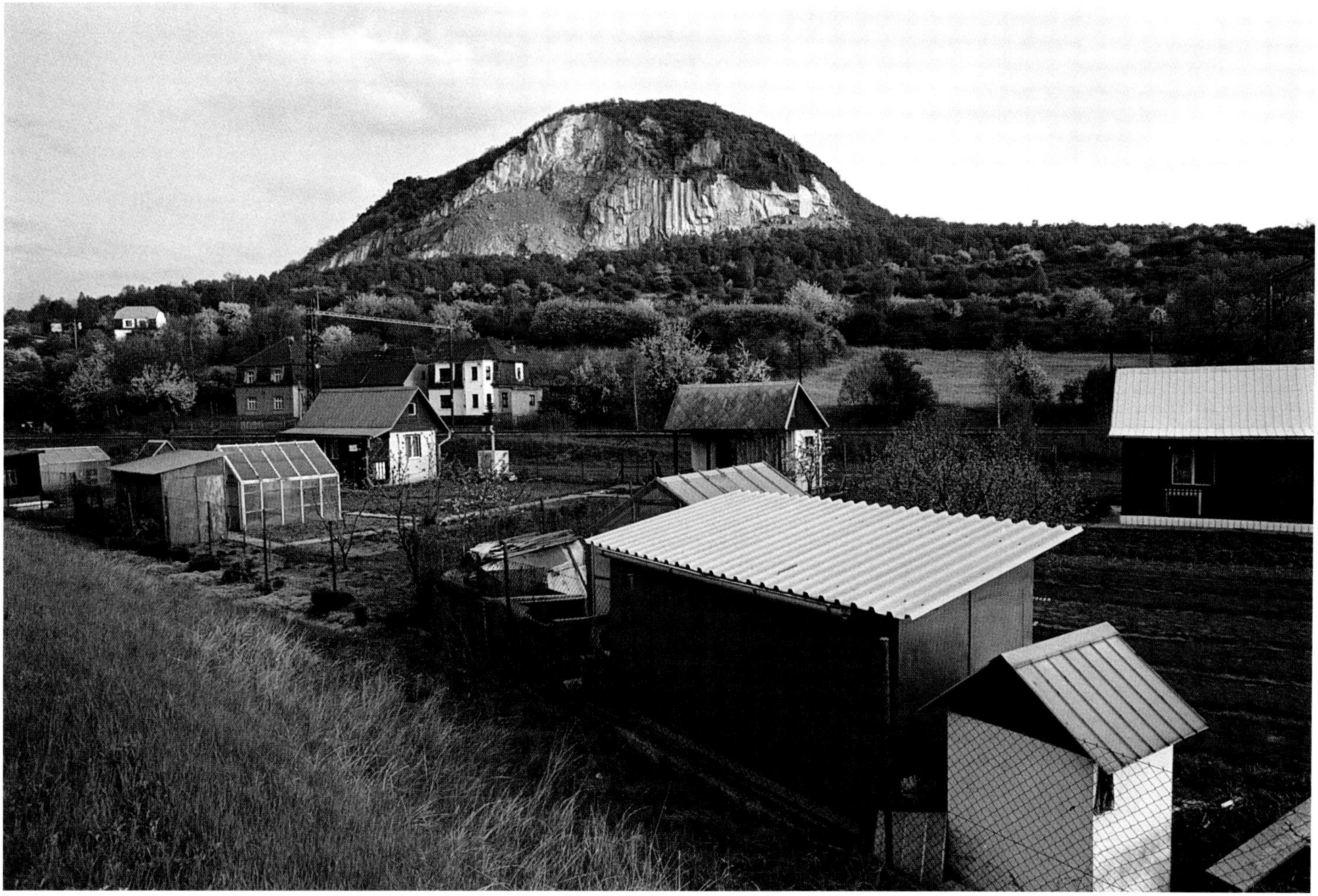

Želenice, 1998

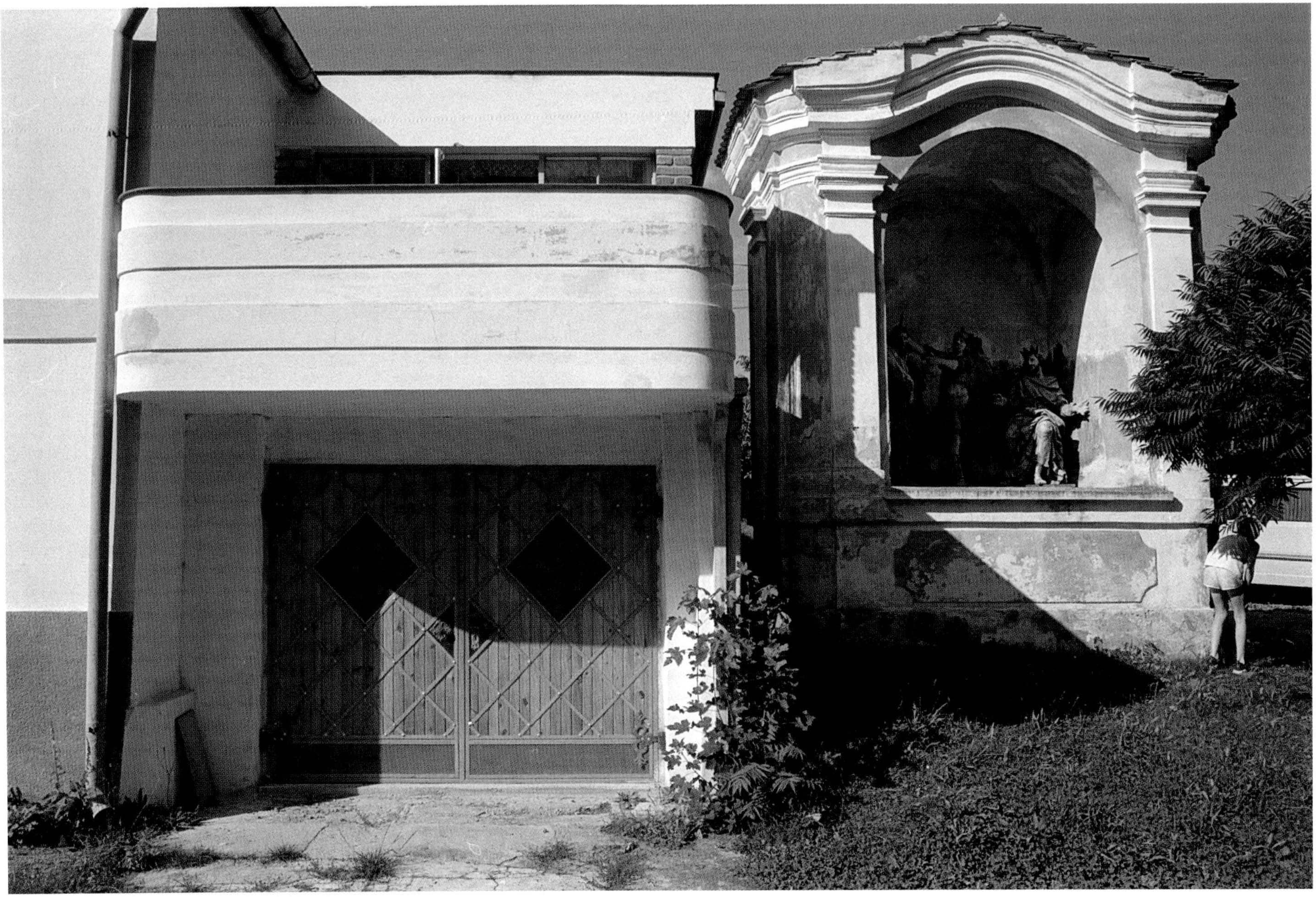

Římov, 1998

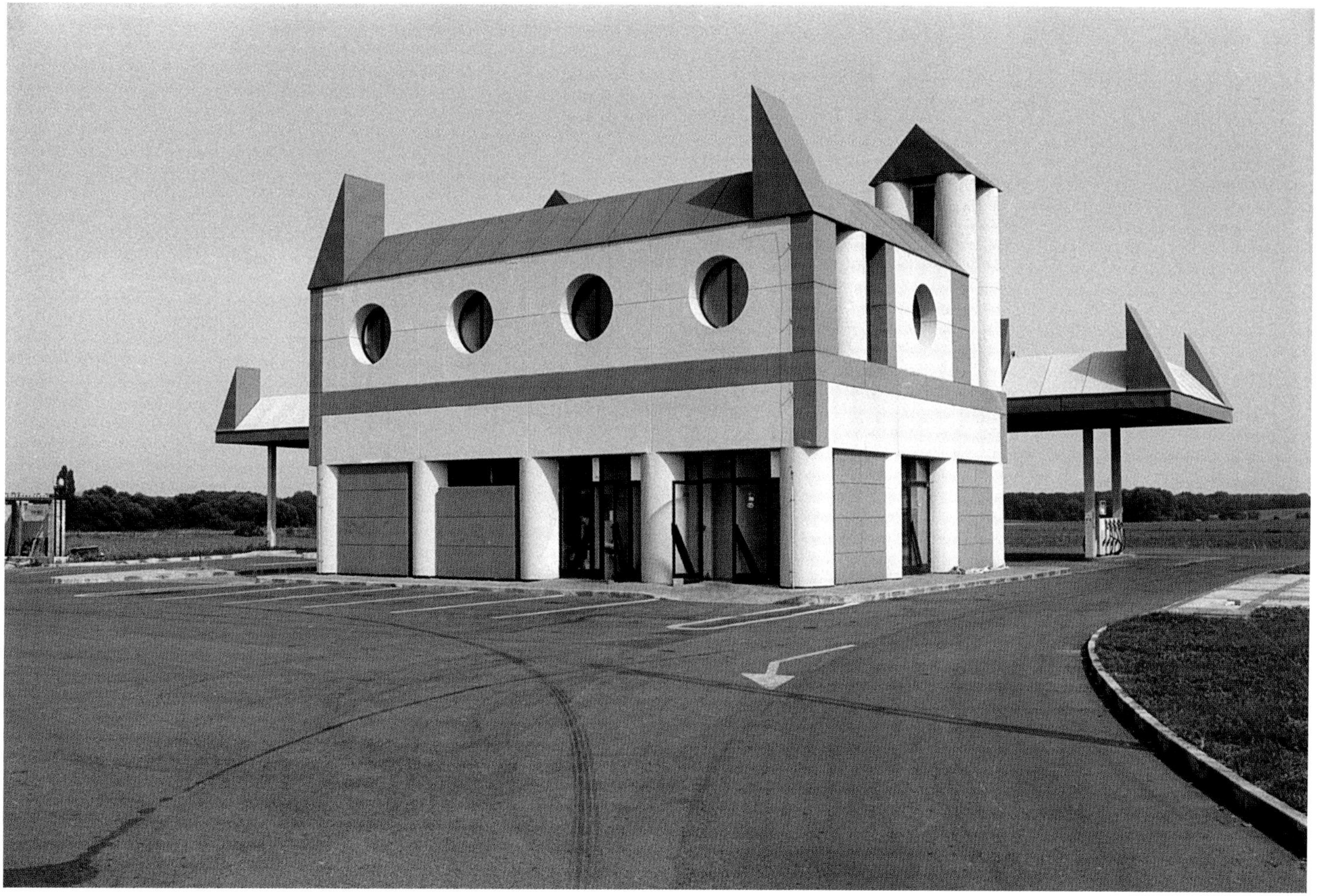

Silnice Brno–Mikulov, benzinová pumpa u Nové Vsi | Brno–Mikulov highway, filling station near Nová Ves, 1998

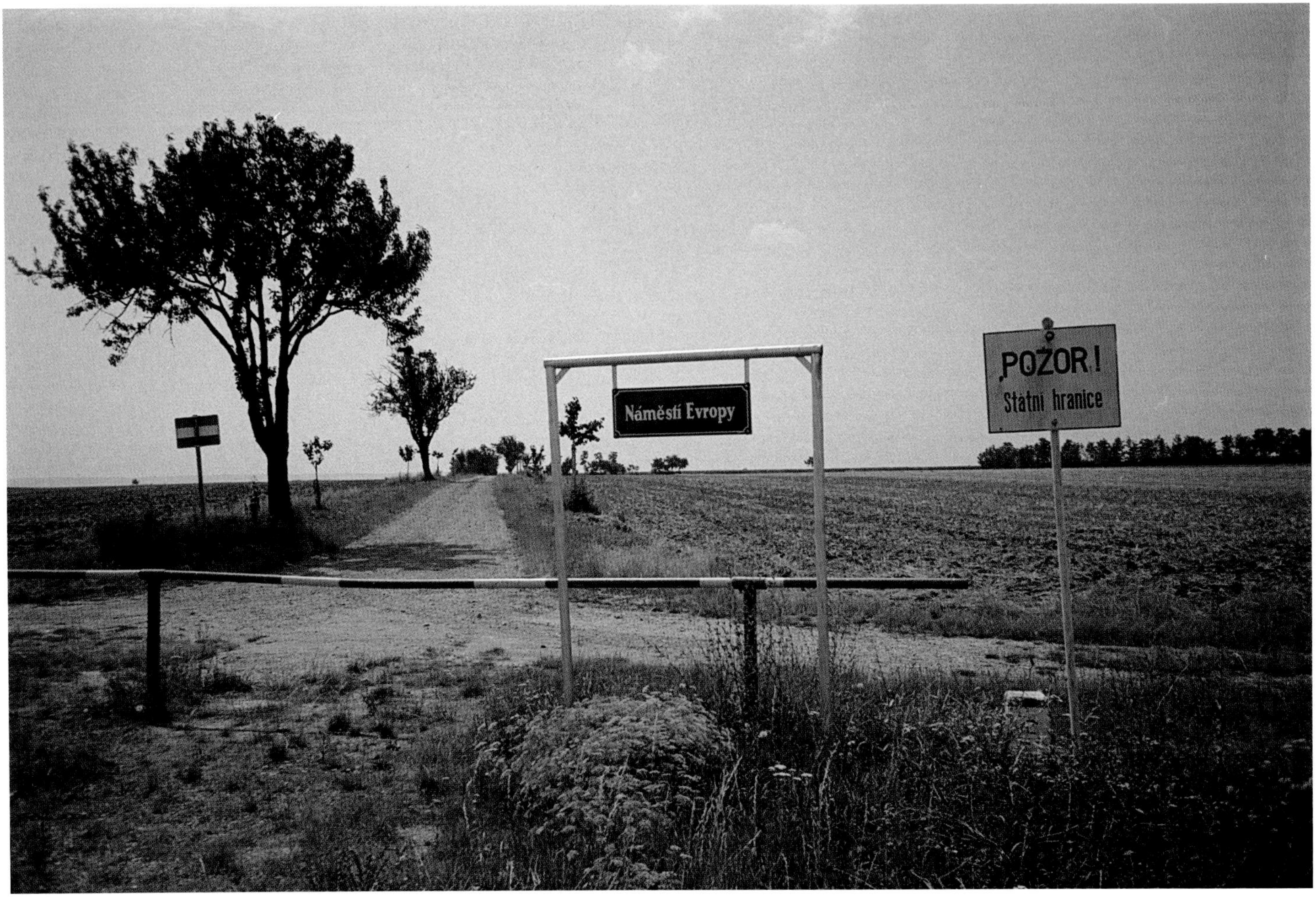

Jaroslavice, místo Česko-rakouského setkání | Point of Czech-Austrian Meeting, 1995

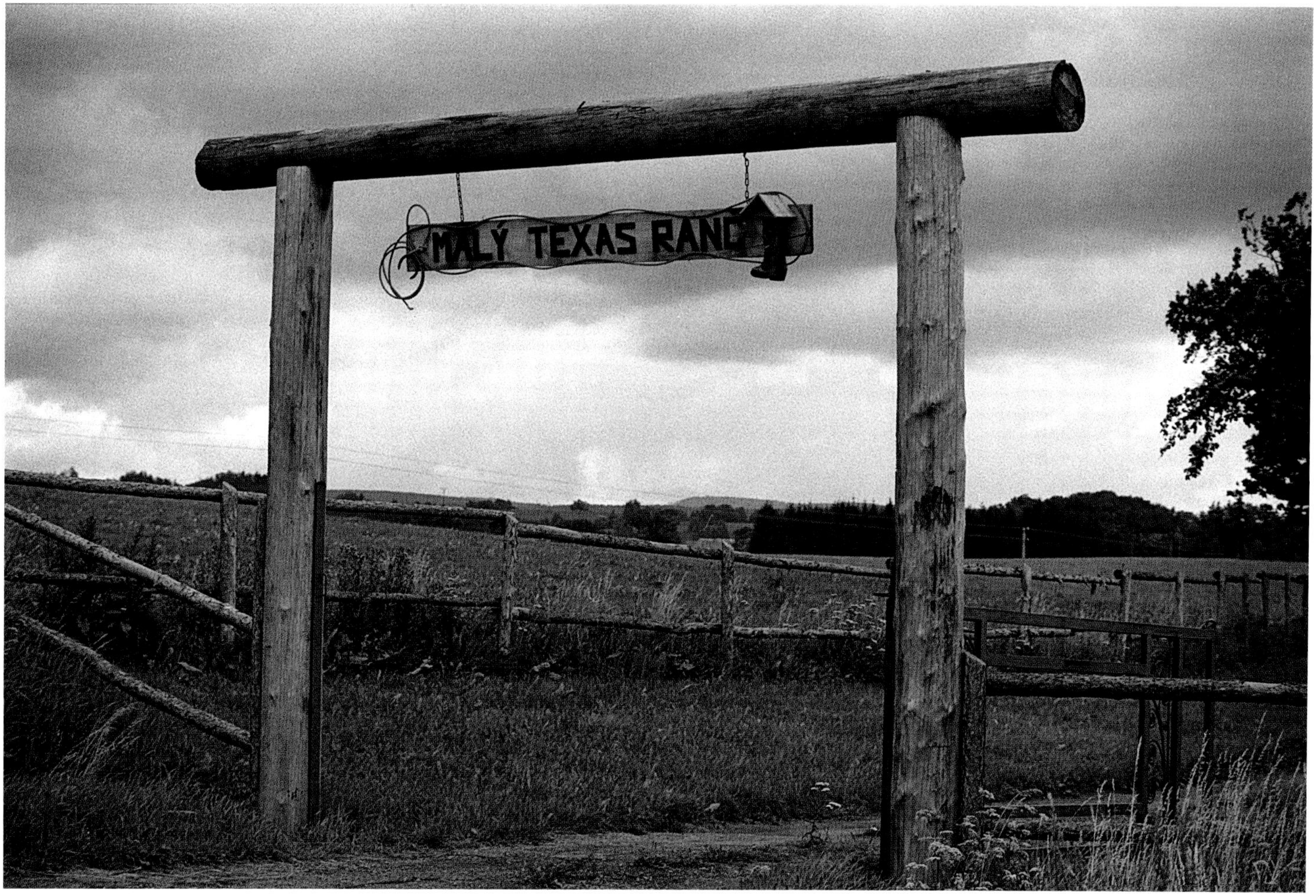

Českomoravská vysočina | Bohemian-Moravian Highlands, 1998

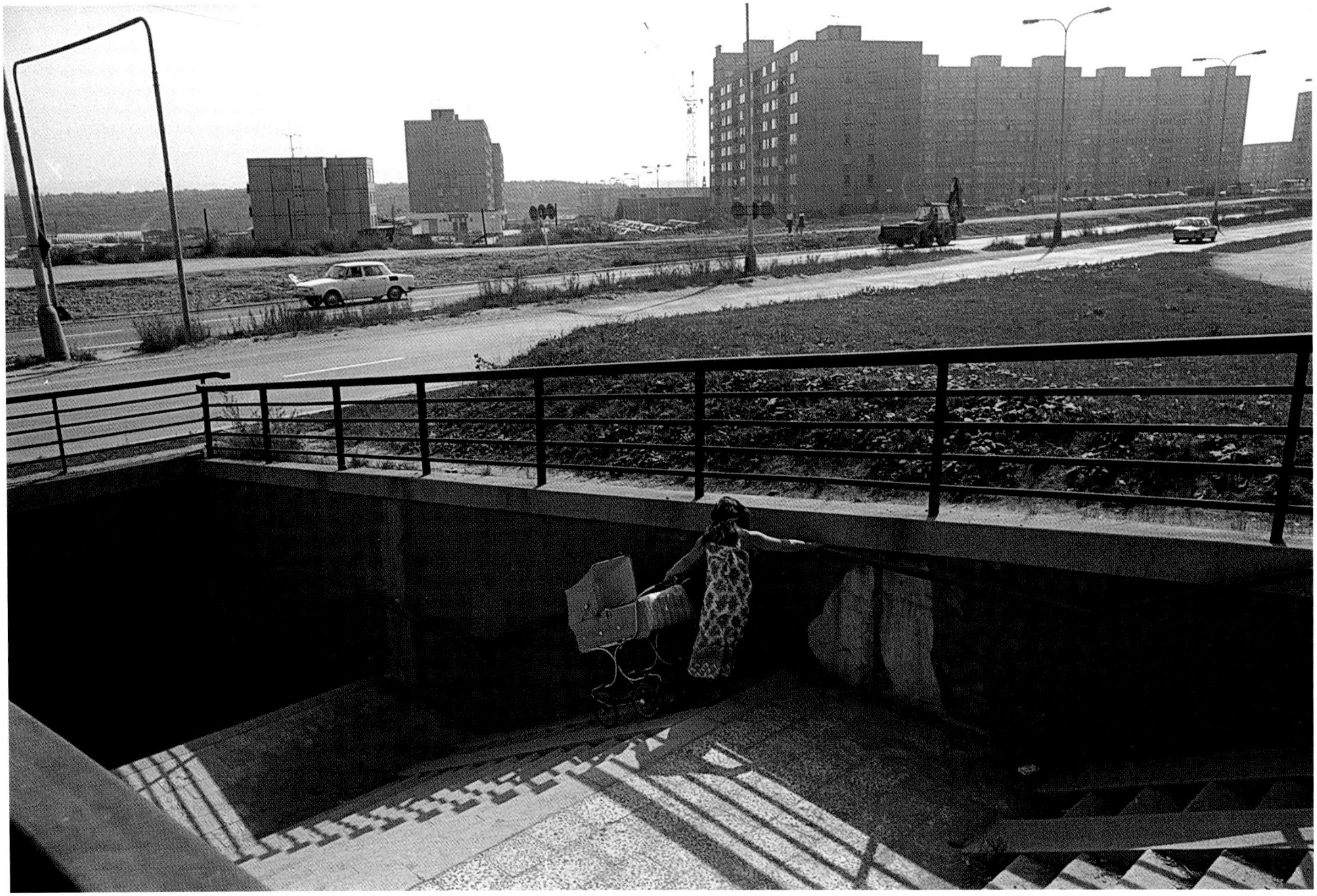

Praha, sídliště Jižní Město | South Town housing estate, 1982

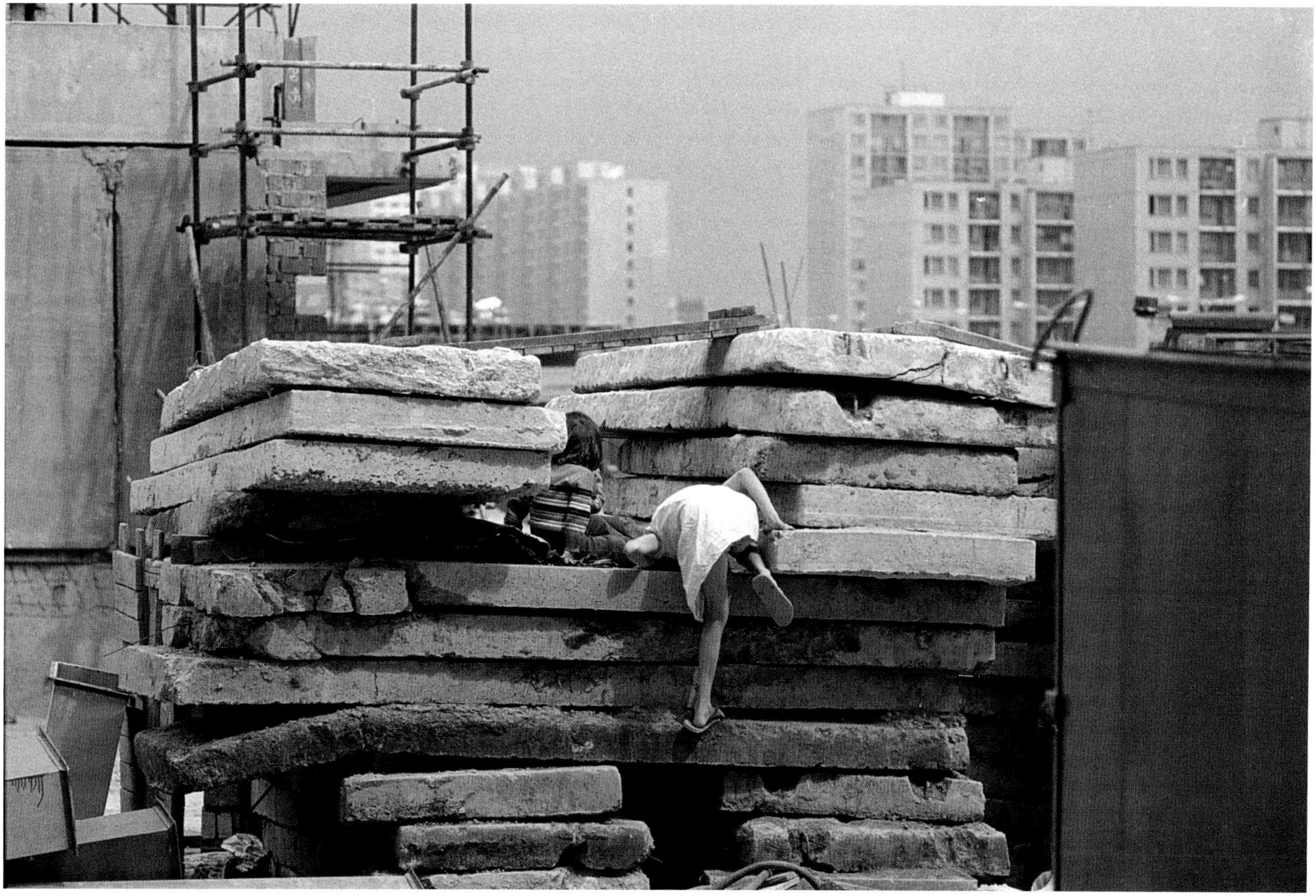

Praha, sídliště Jižní Město | South Town housing estate, 1980

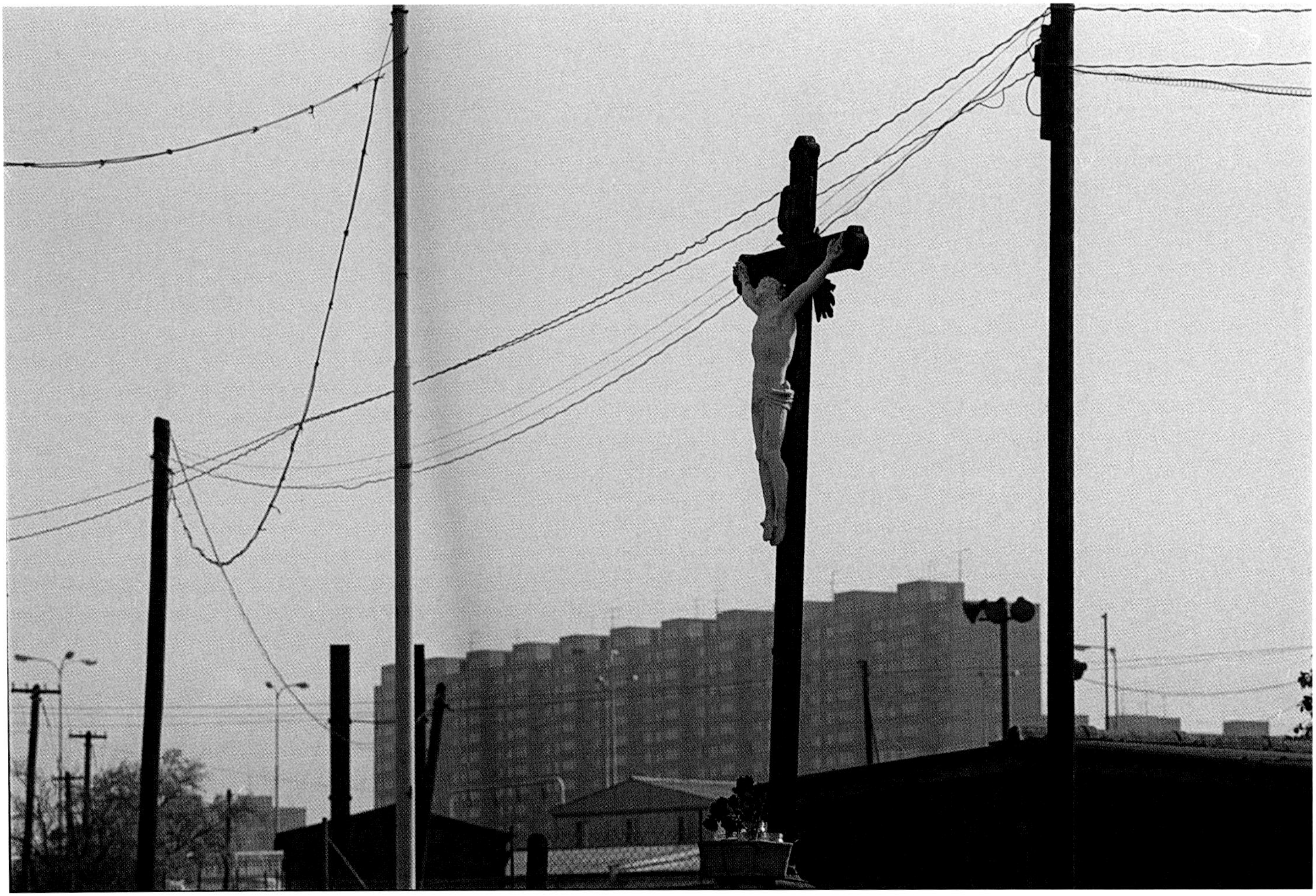

Praha, sídliště Jižní Město | South Town housing estate, 1982

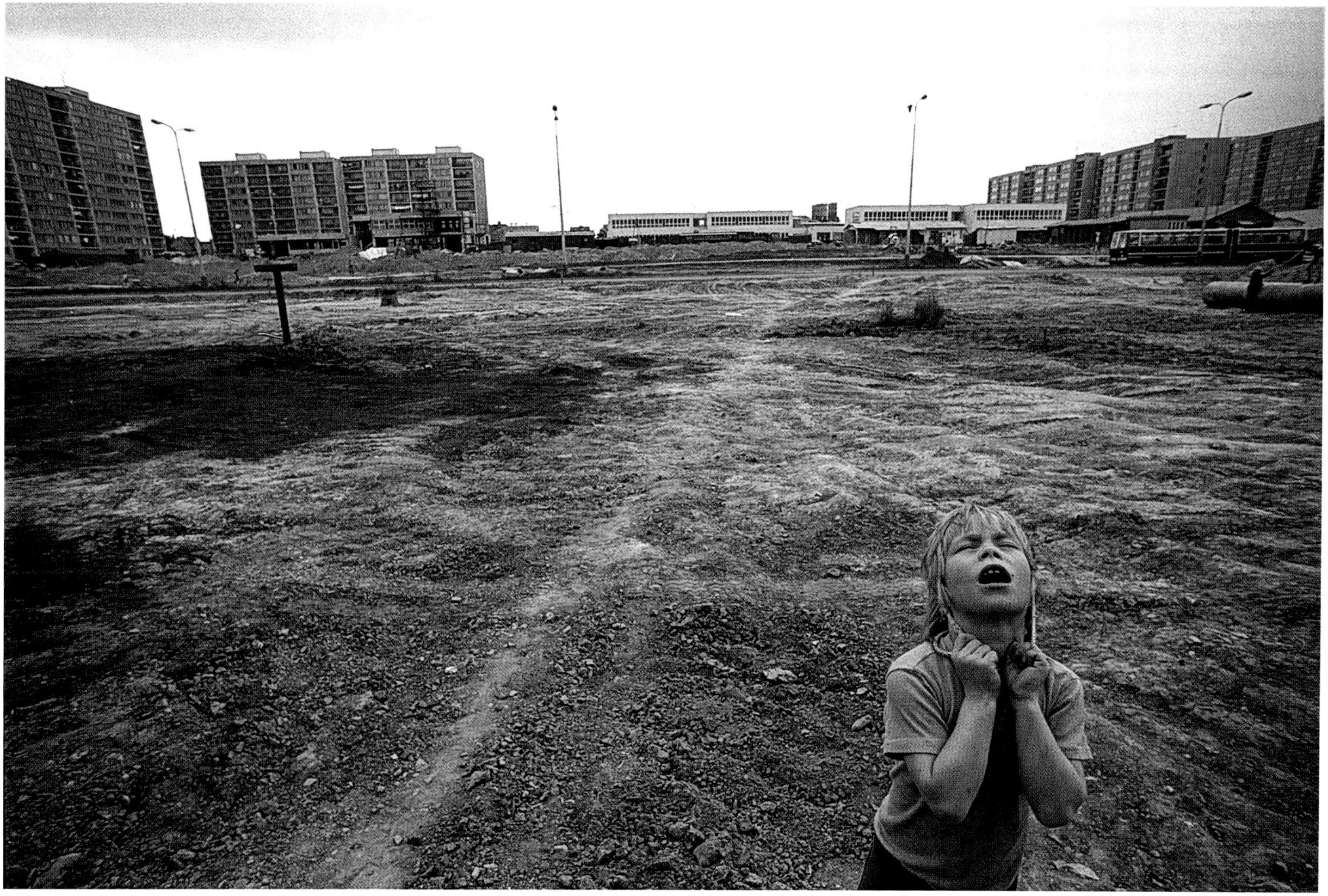

Praha, sídliště Jižní Město | South Town housing estate, 1982

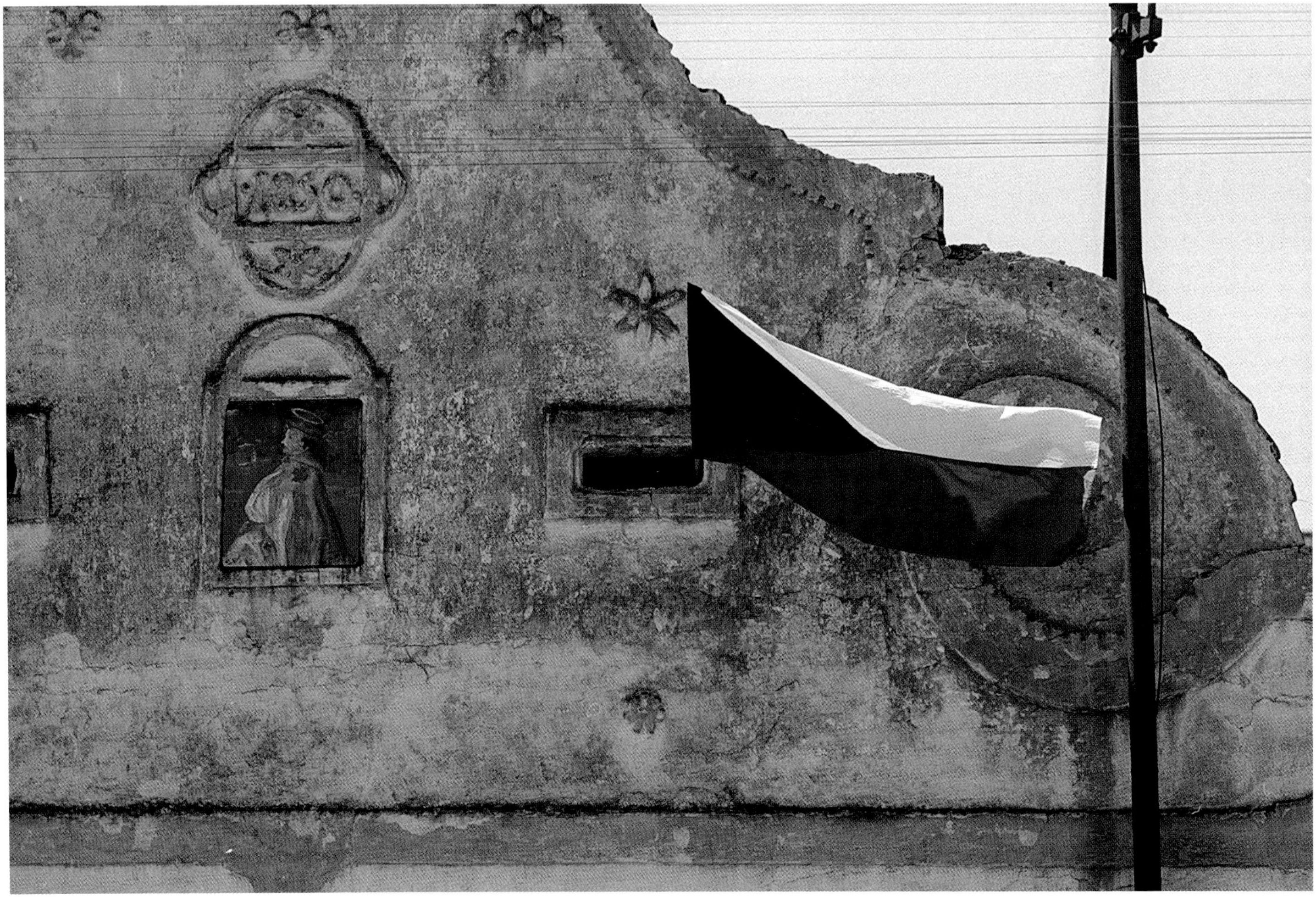

Holašovice, selský barok | “Peasant Baroque” architecture, 1981

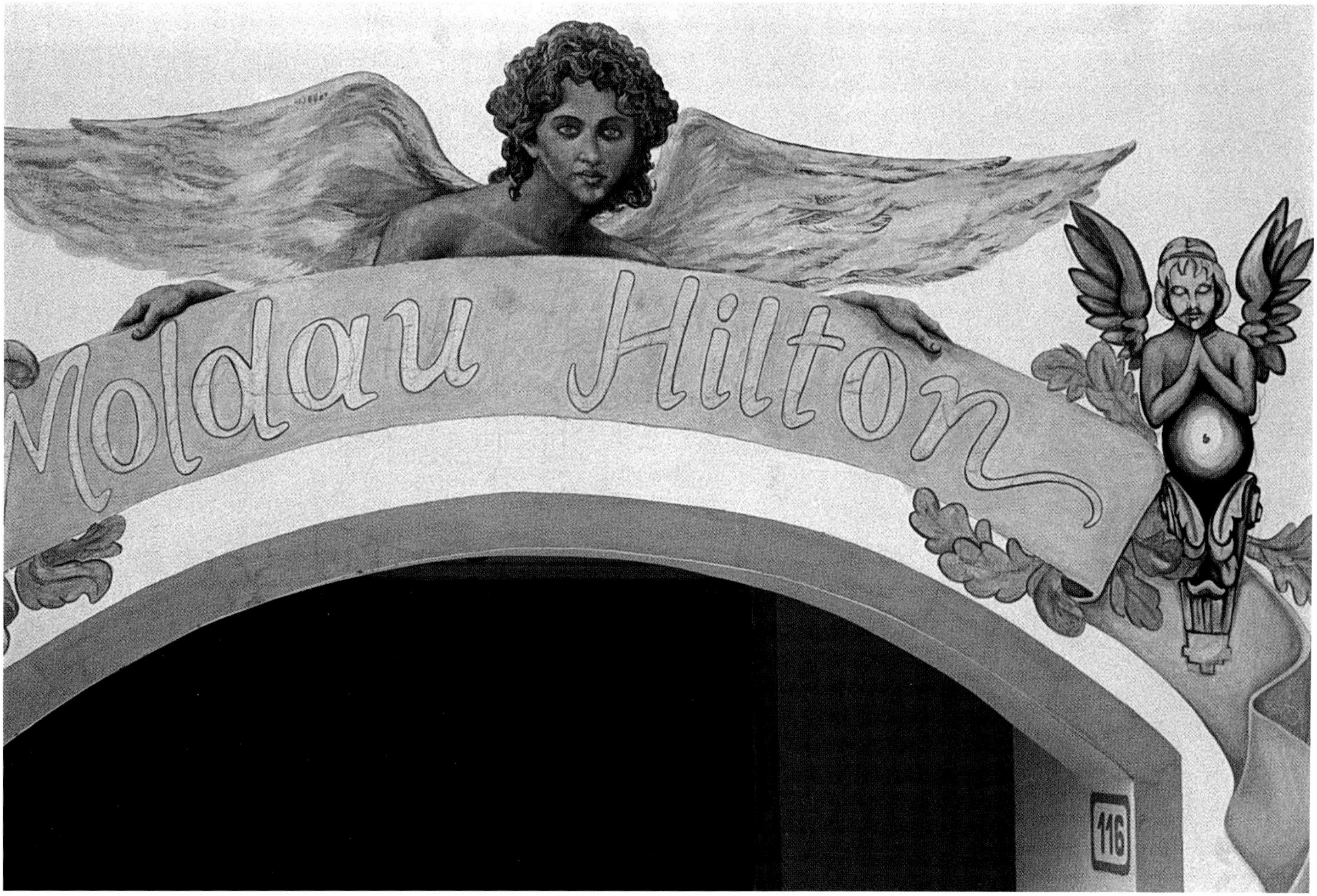

Český Krumlov, 1996

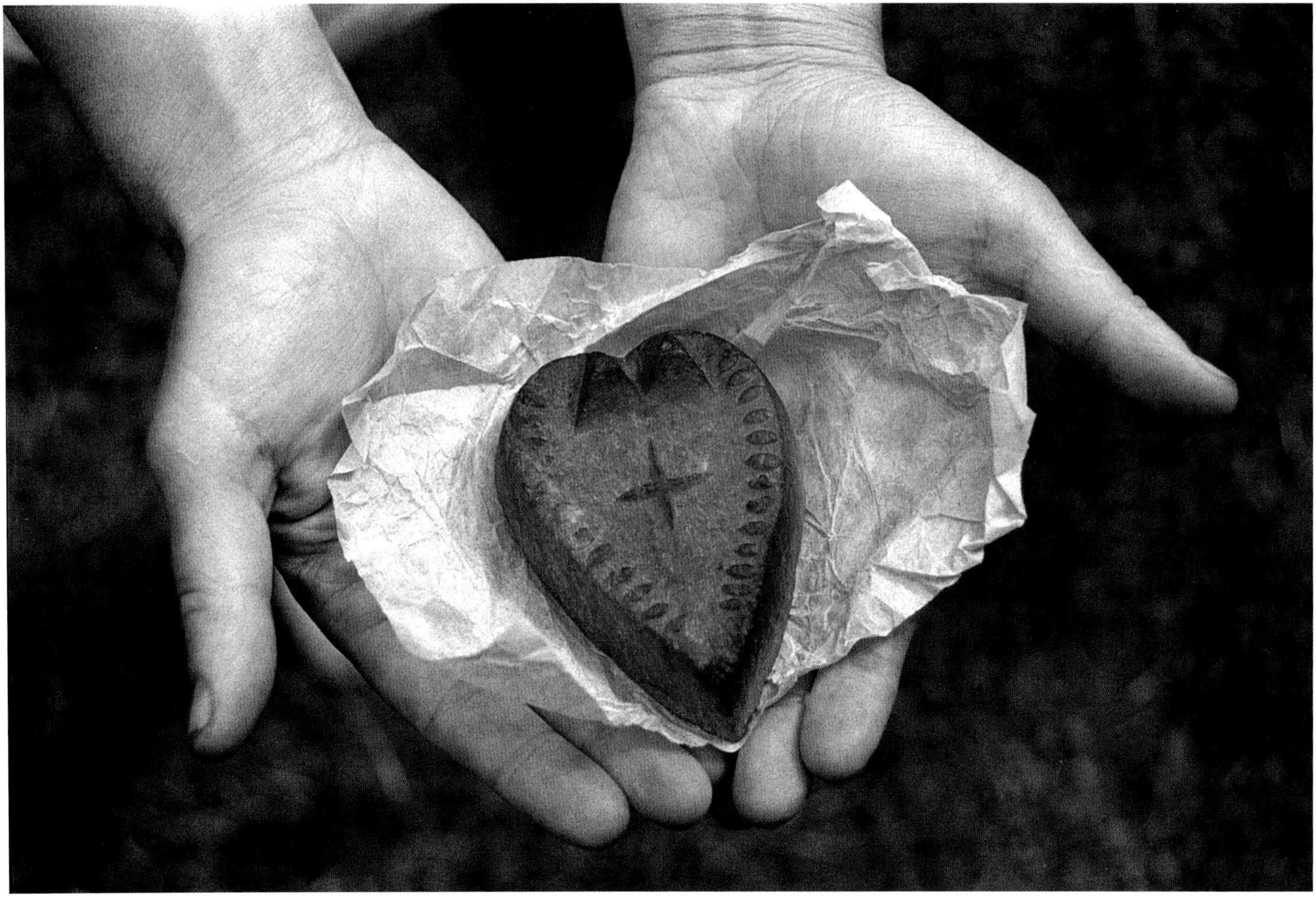

Velká nad Veličkou, jarmark | Spring fair, 1998

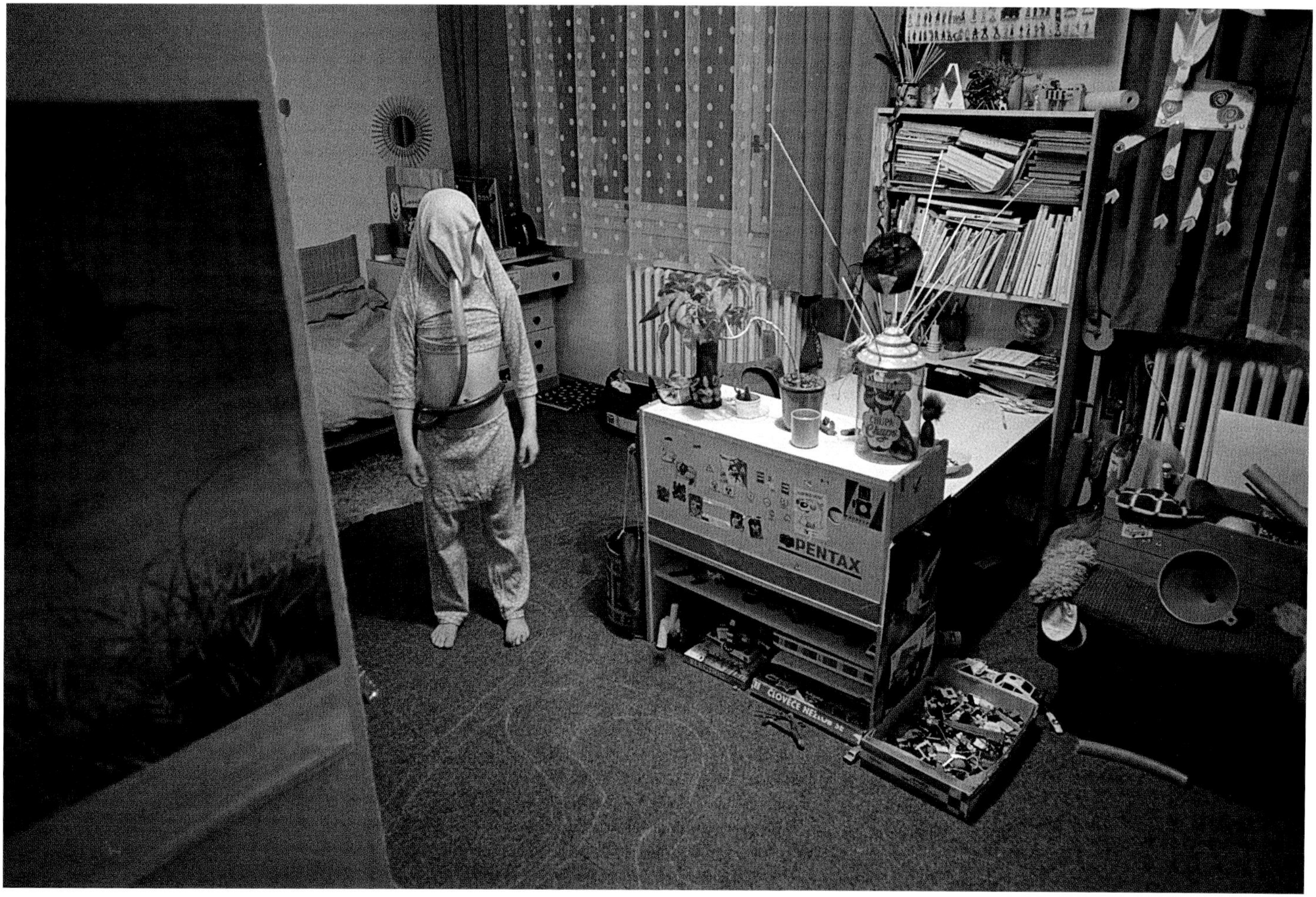

Praha, 1985

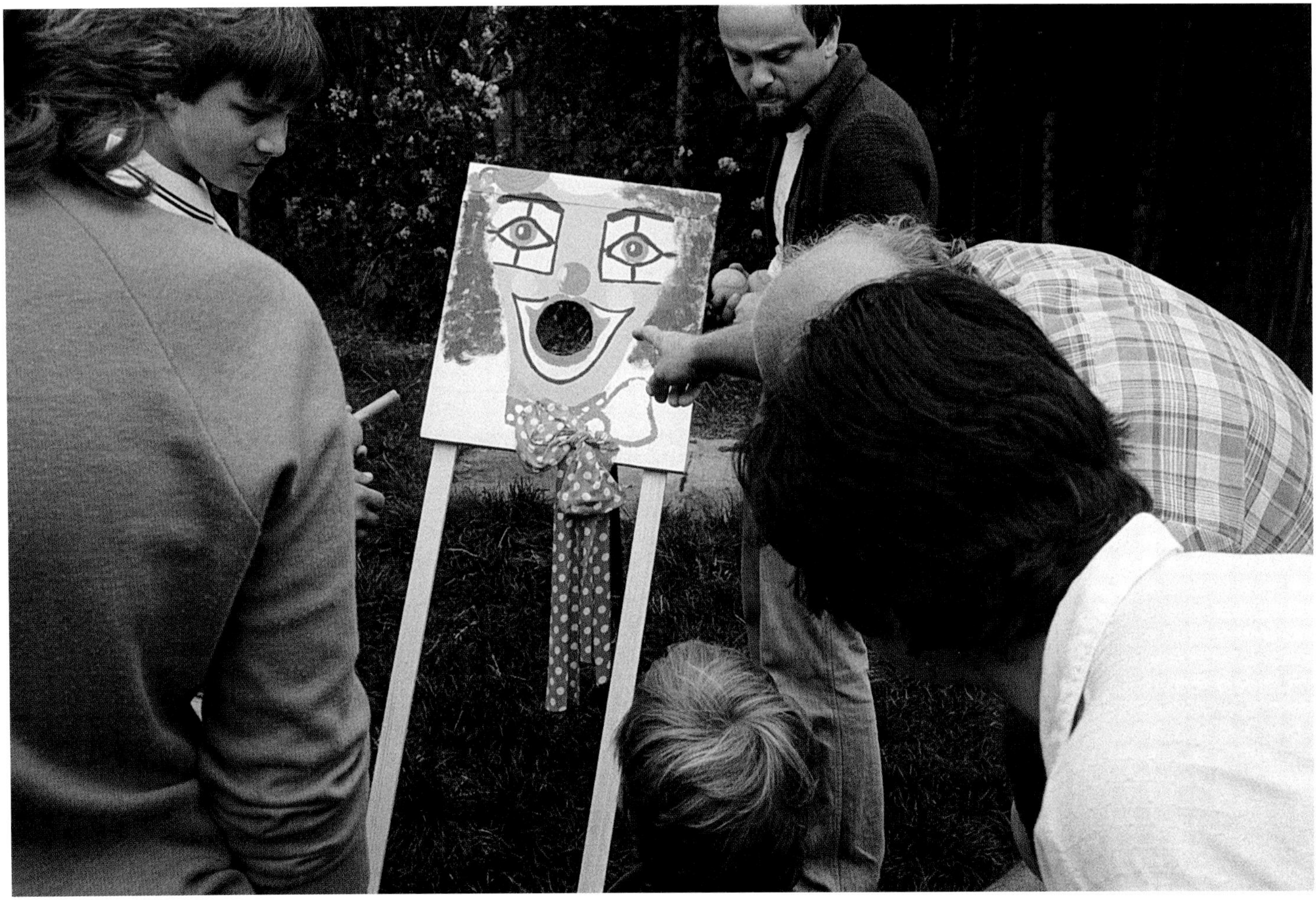

Mokropsy, dětský den | Children's day, 1984

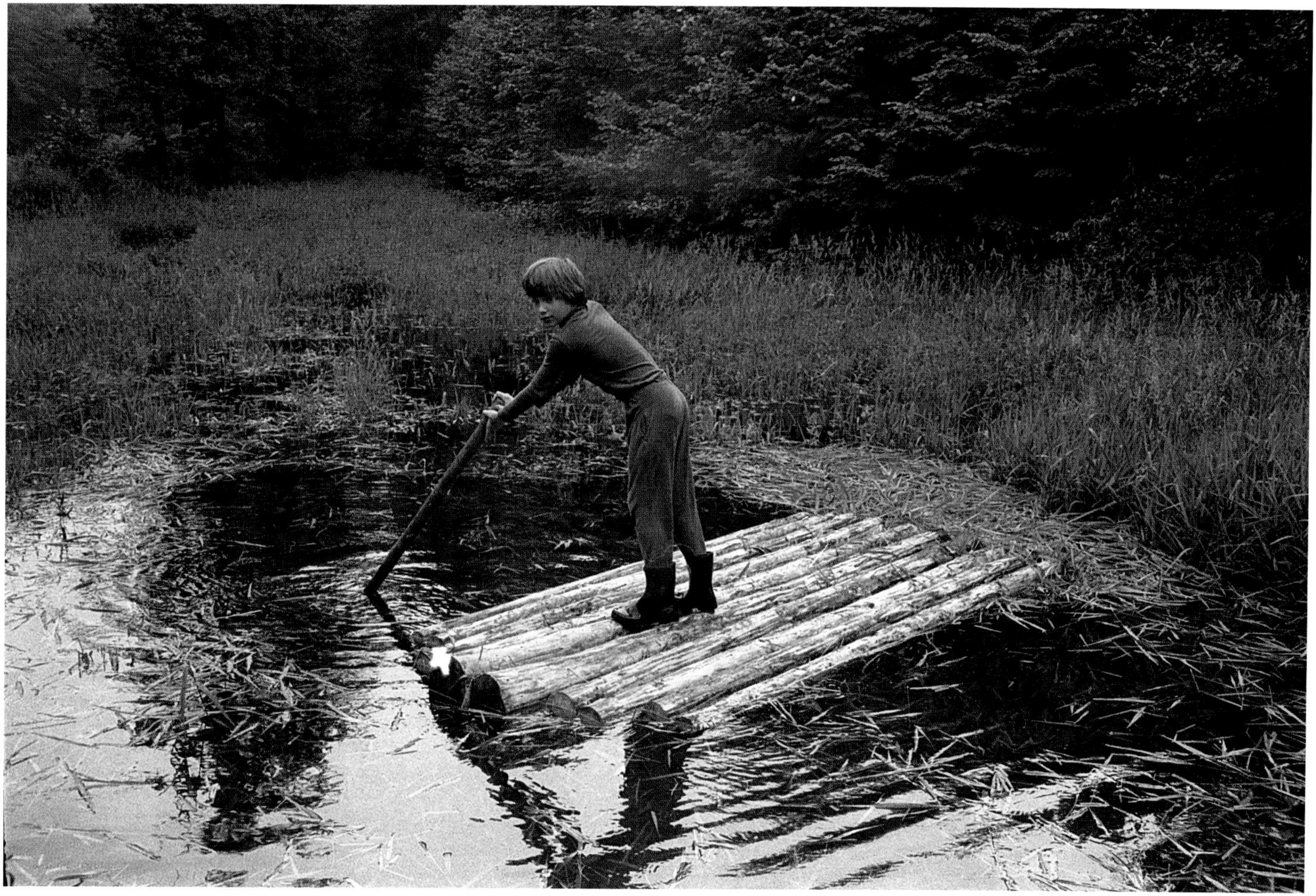

Kožlí, 1979

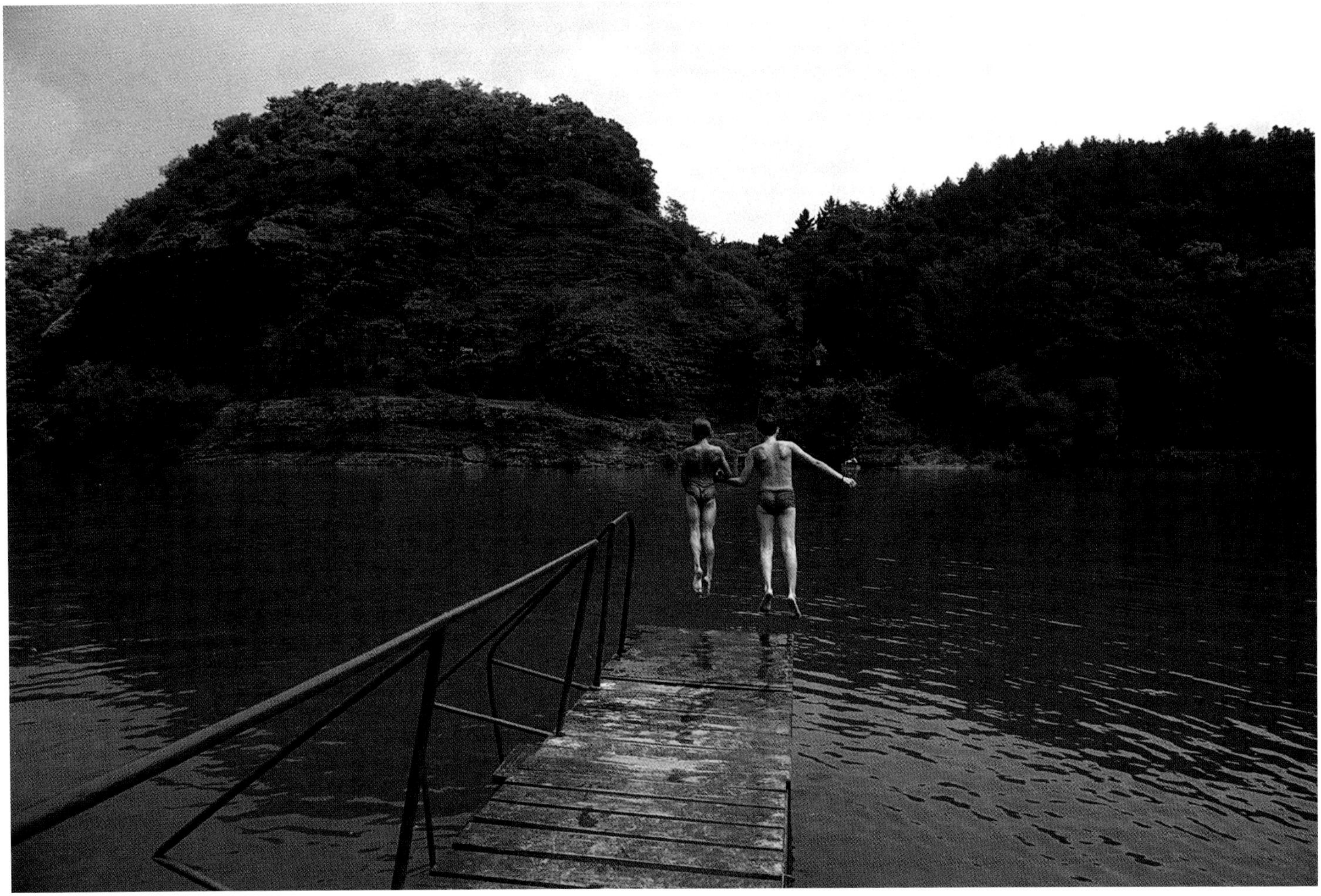

Mokropsy, 1988

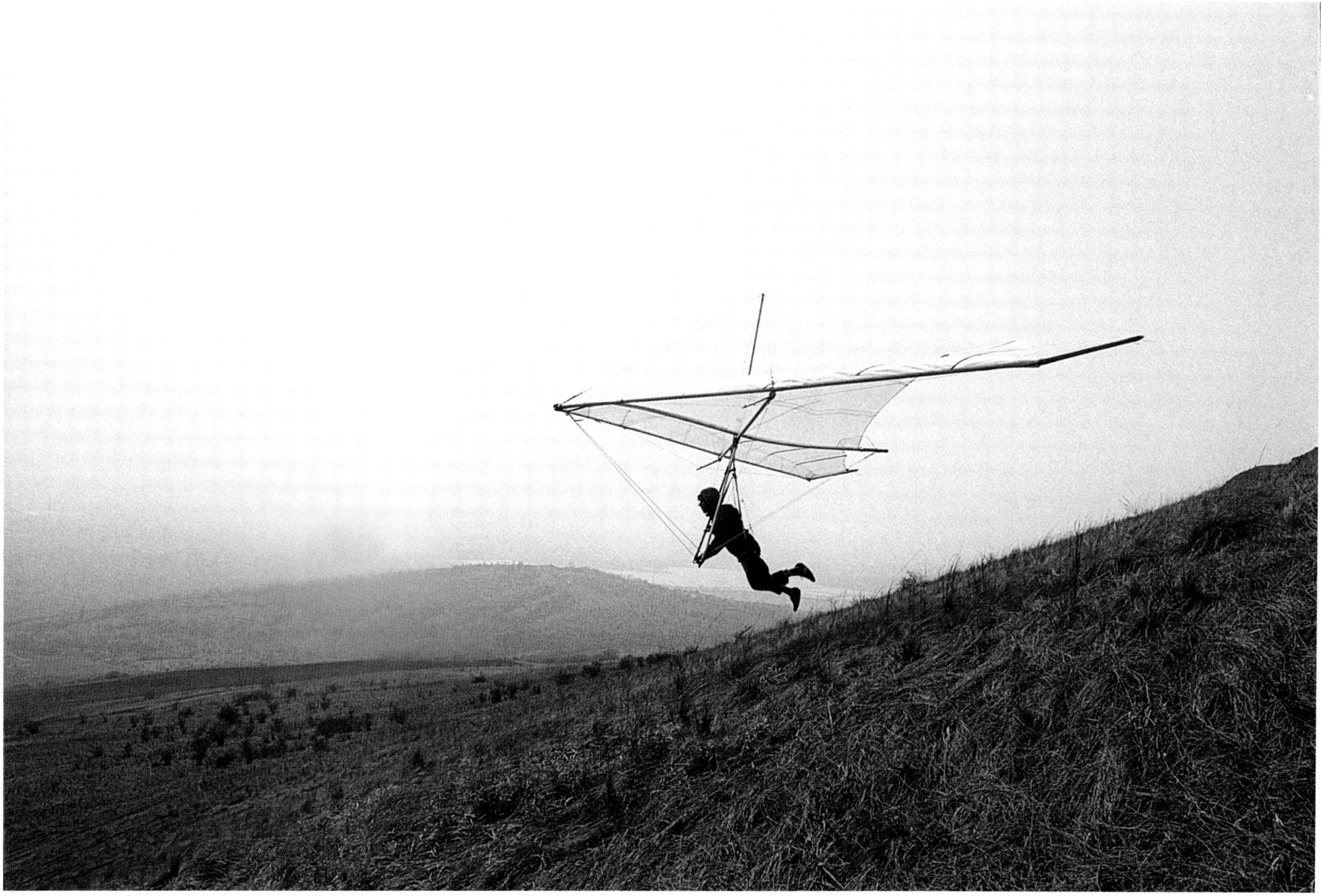

Vrch Raná u Loun | Raná Hill near Louny, 1981

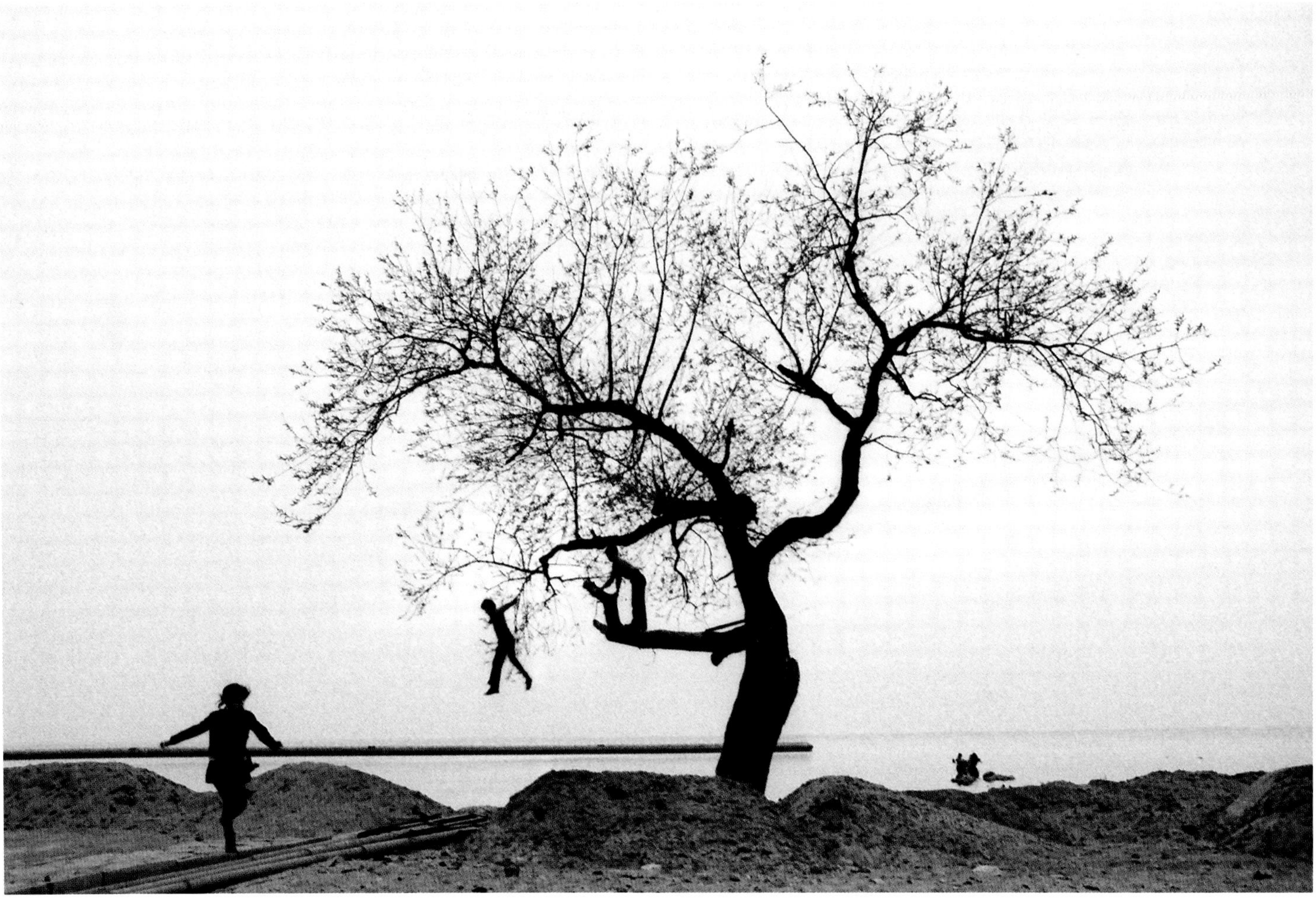

Polsko, pobřeží Baltu | Poland, Baltic seacoast, 1974

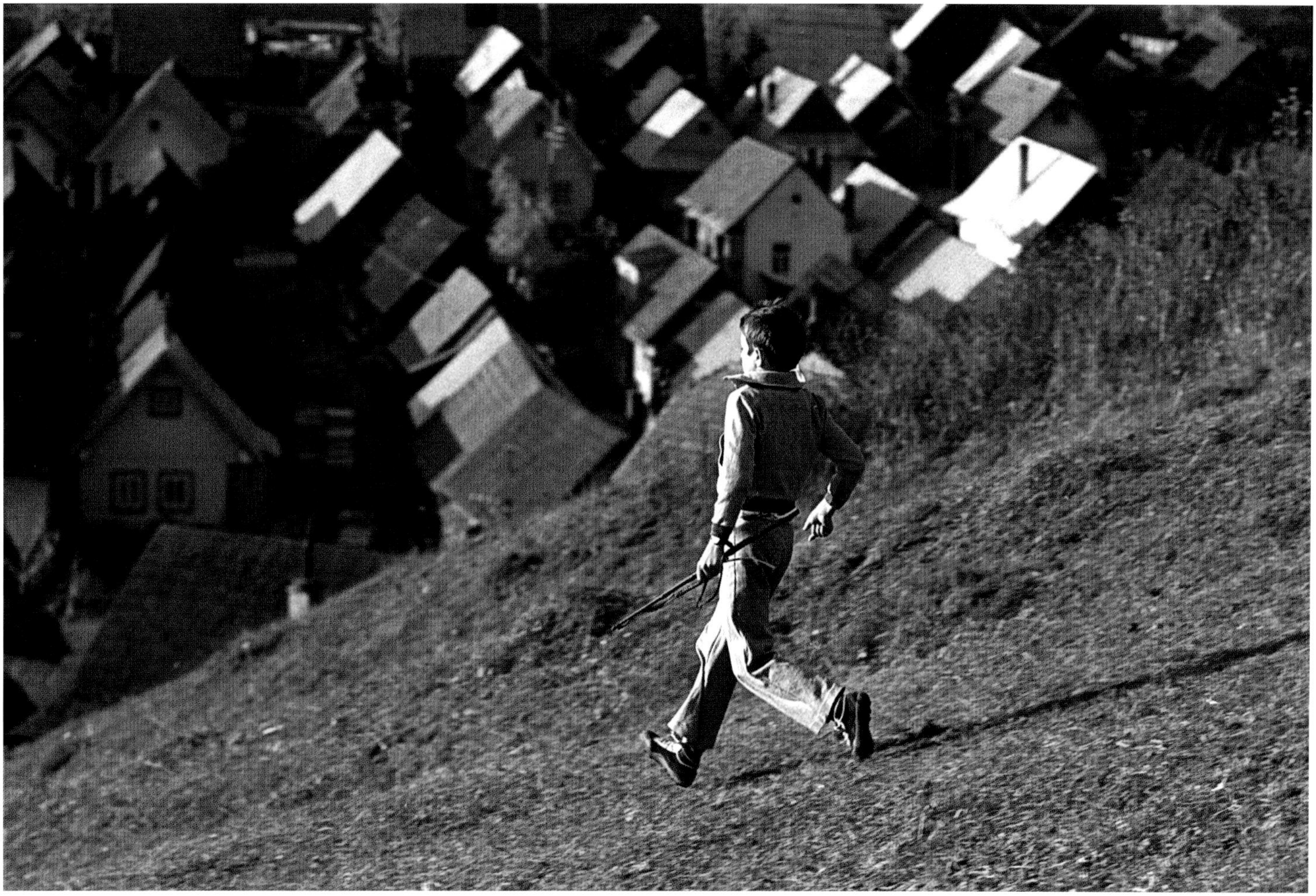

Nízké Tatry, Liptovská Teplička, 1980

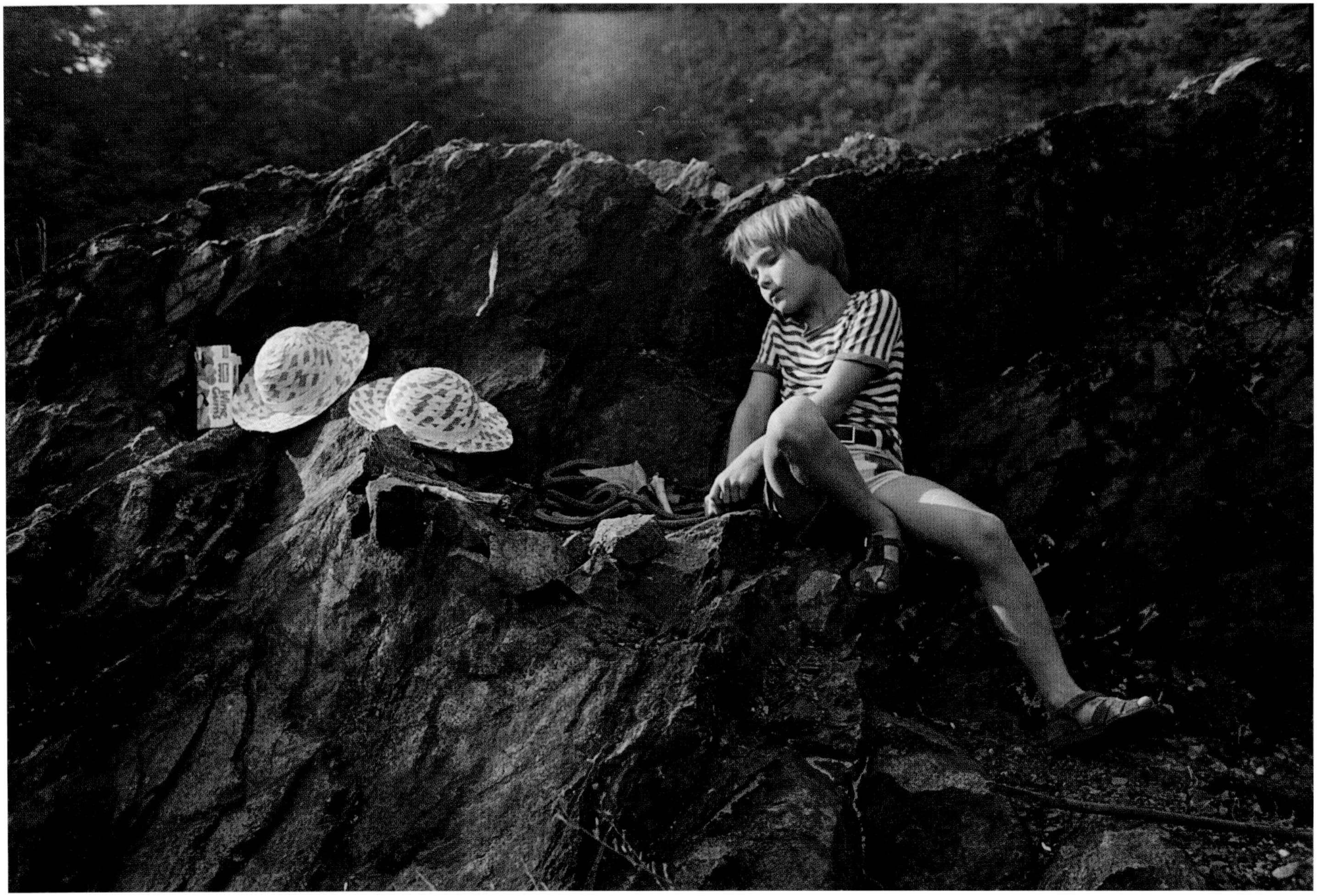

Miroslav, 1977

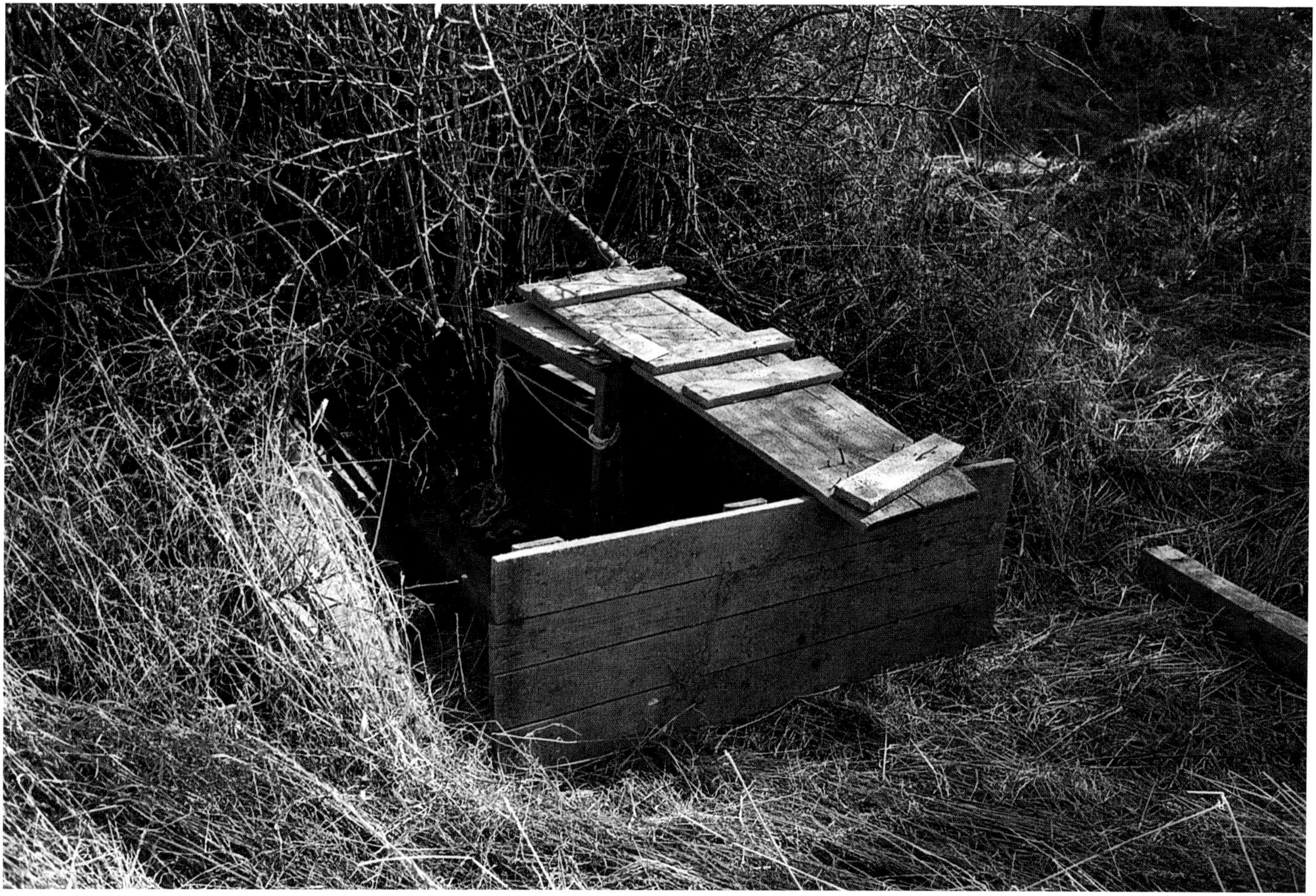

Praha, 1990

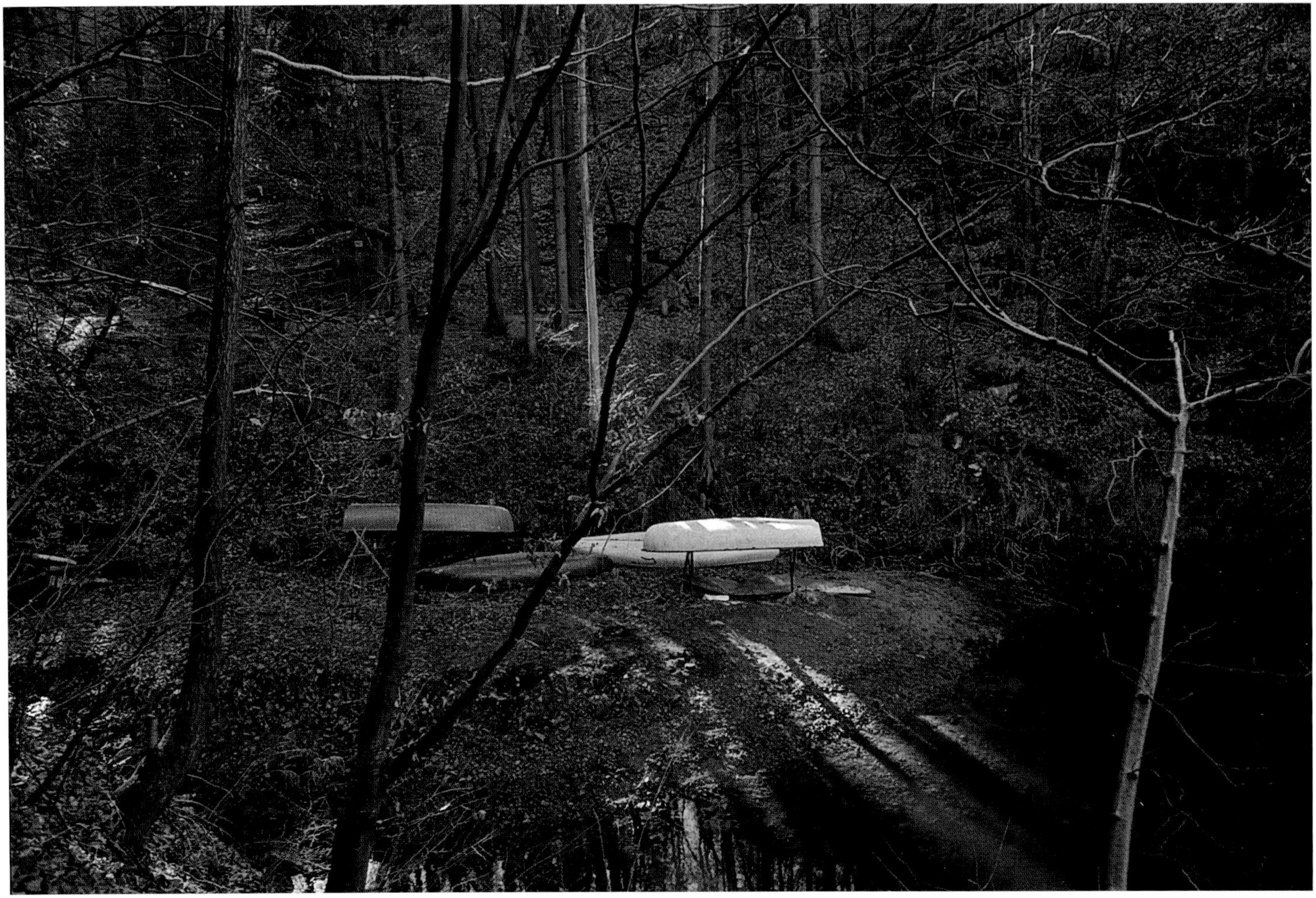

Přehrada Štěchovice | Štěchovice Dam, 1997

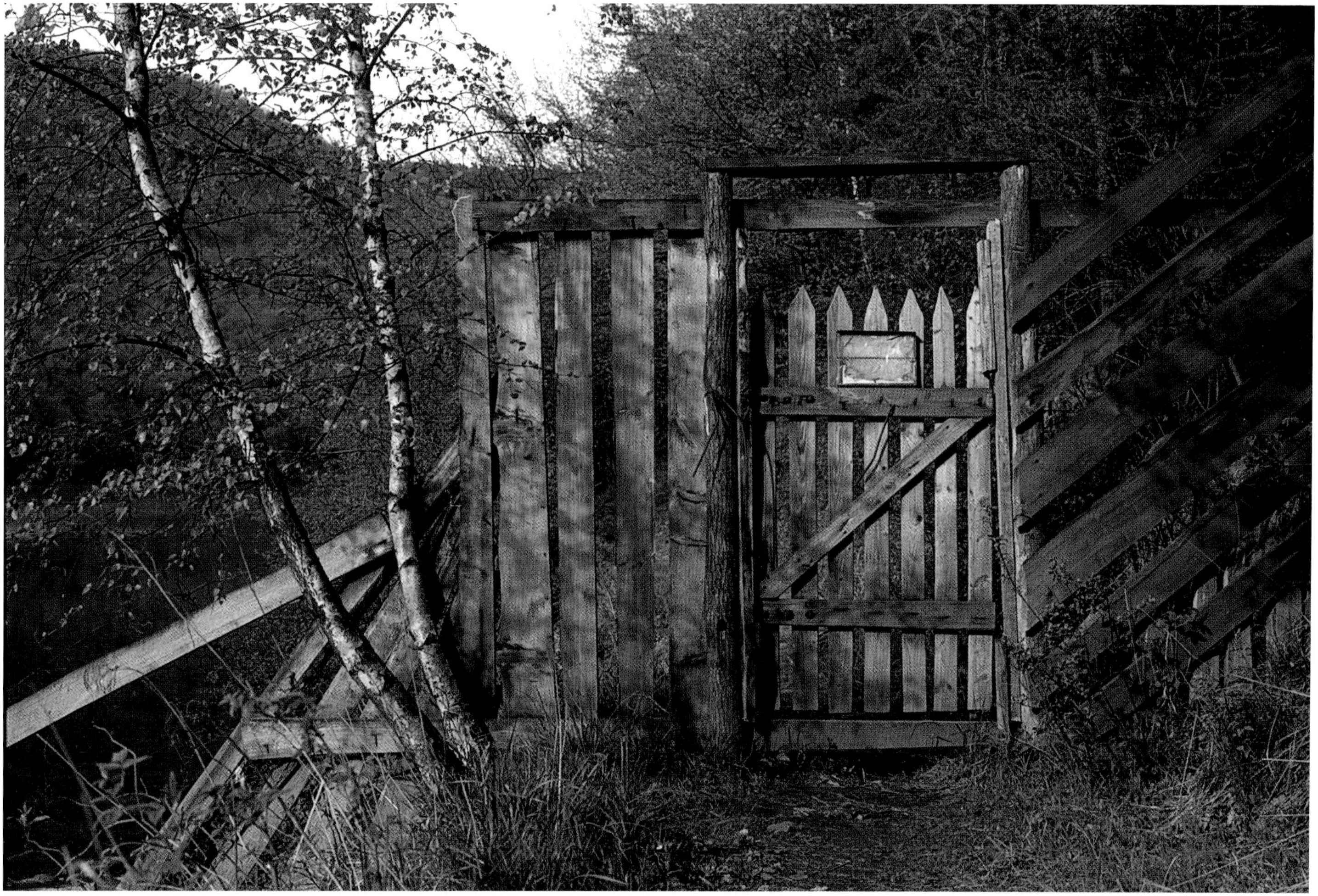

Přehrada Štěchovice | Štěchovice Dam, 1988

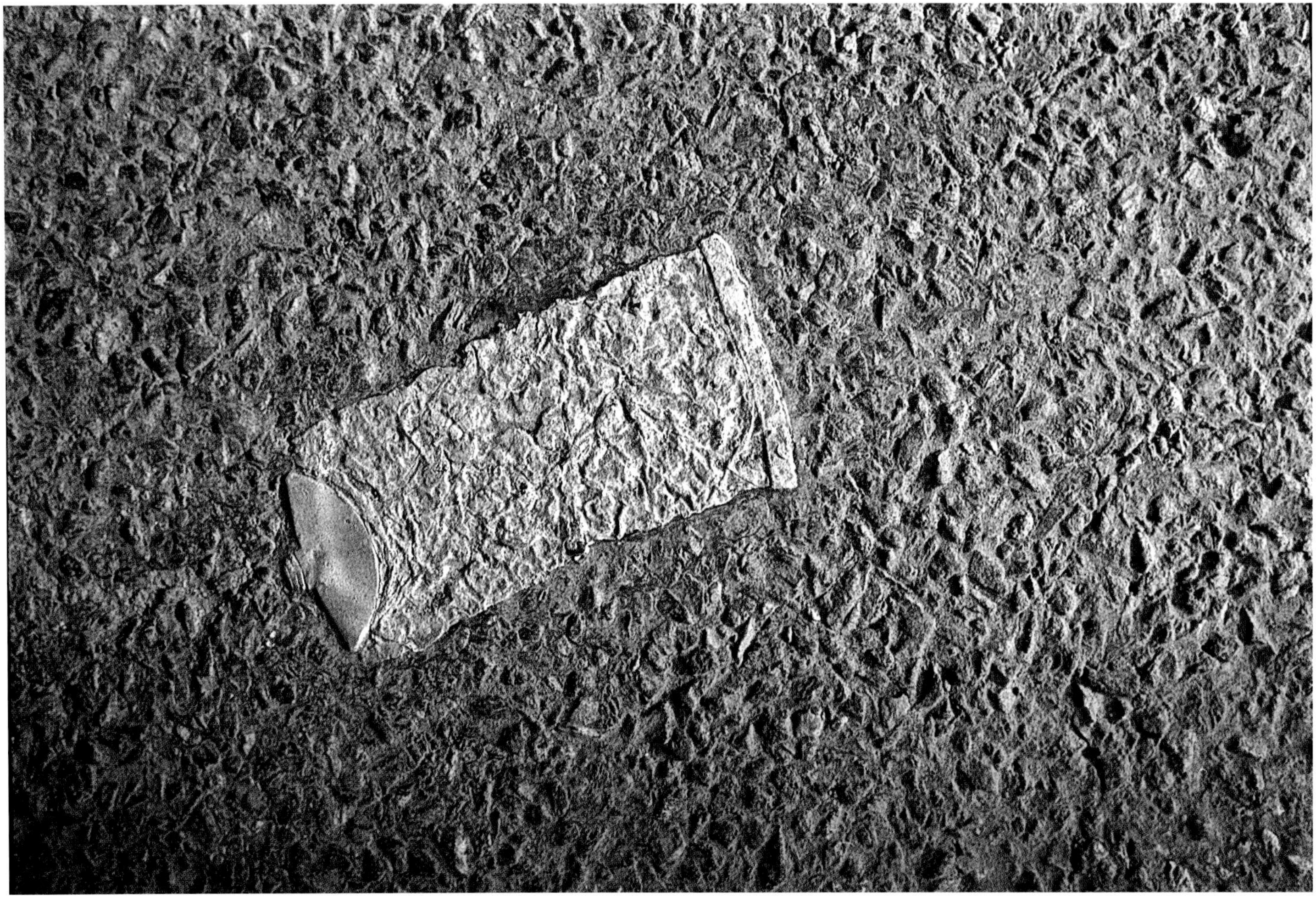

Miroslav, 1985

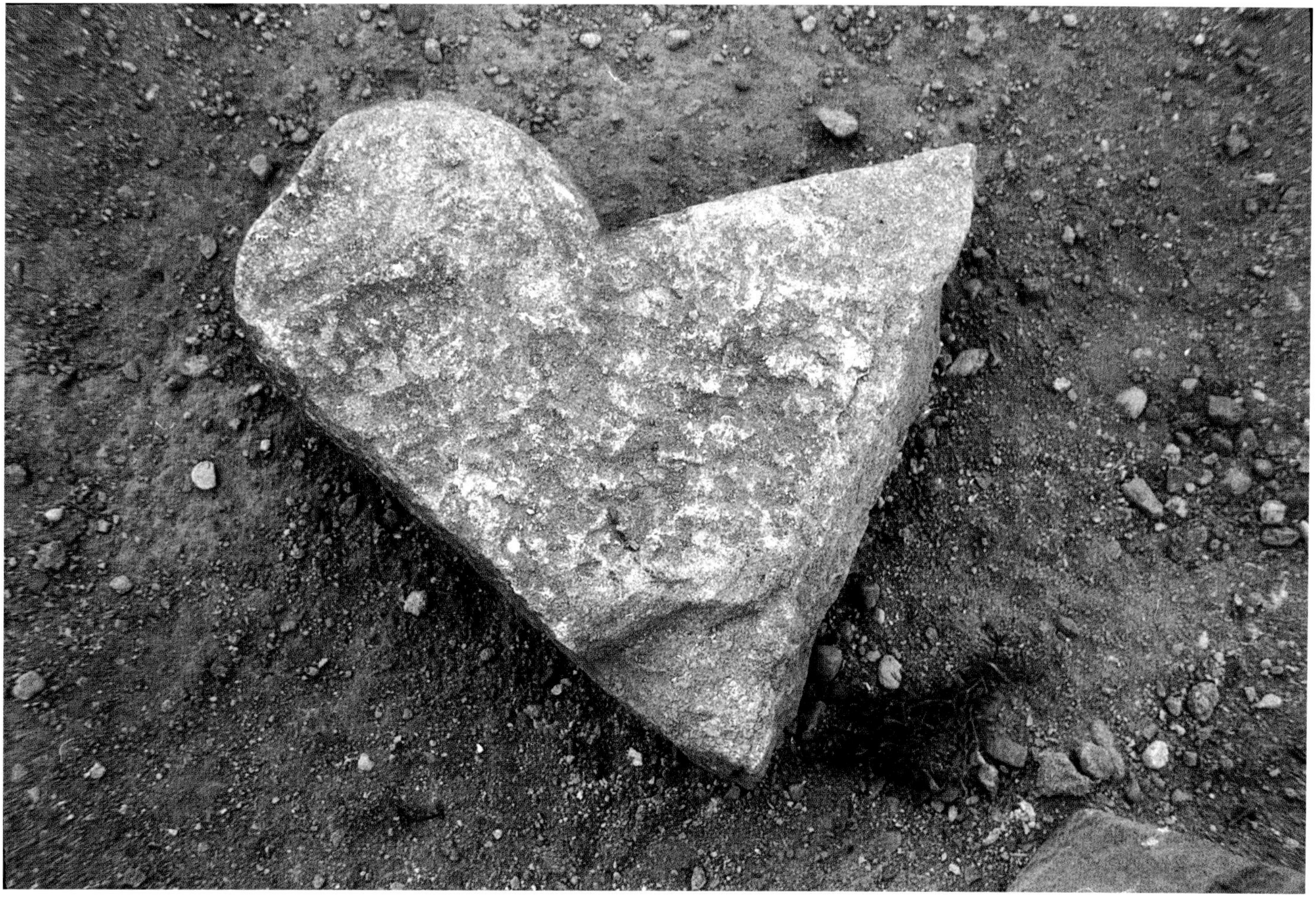

Kačina, zámecký park | Chateau park, 1977

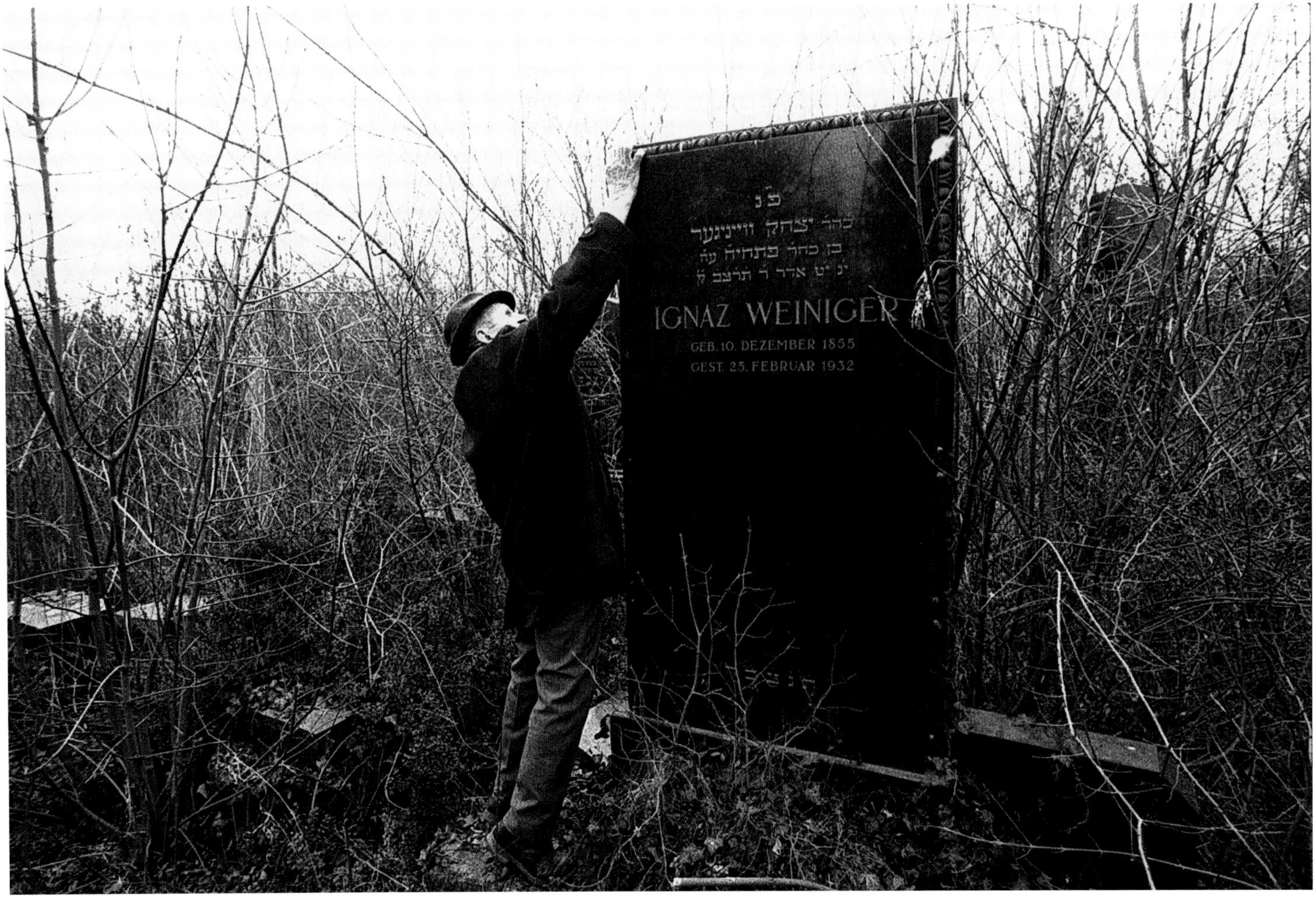

Miroslav, židovský hřbitov | Jewish cemetery, 1980

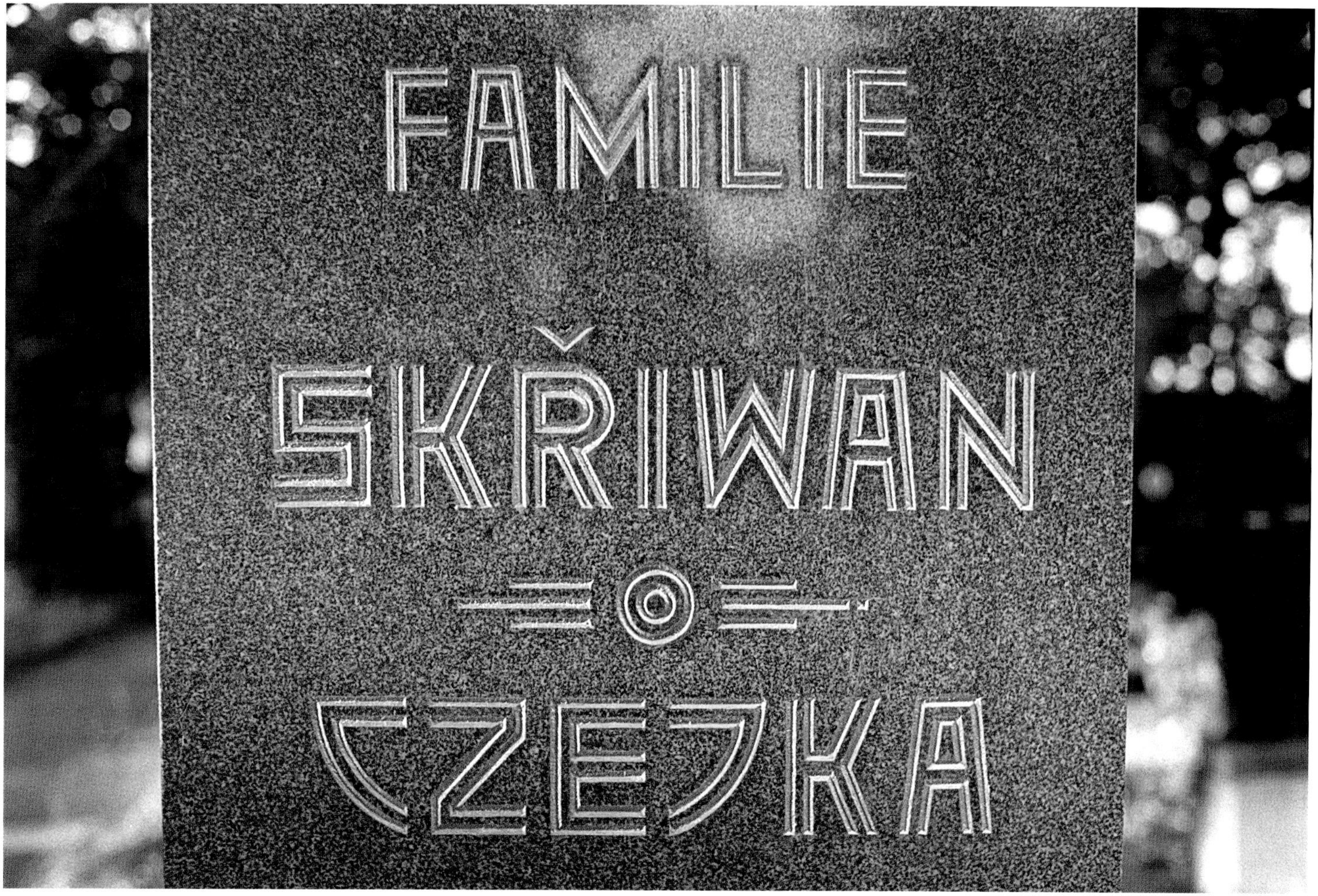

Miroslav, společný český a německý hřbitov | Shared Czech and German cemetery, 1995

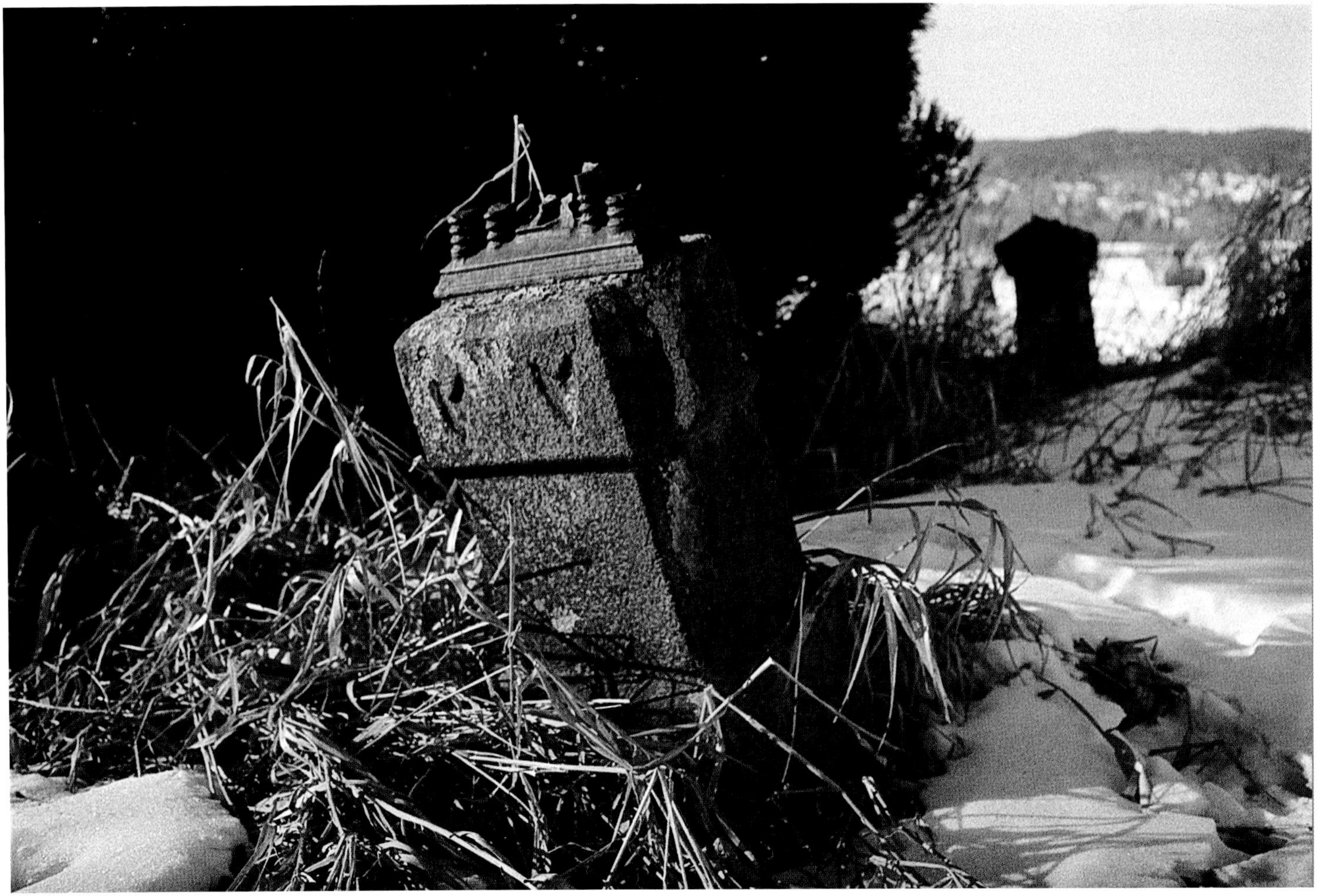

Šumava, Knížecí pláně, německý hřbitov u odstřeleného kostela | German cemetery beside the demolished church, 1991

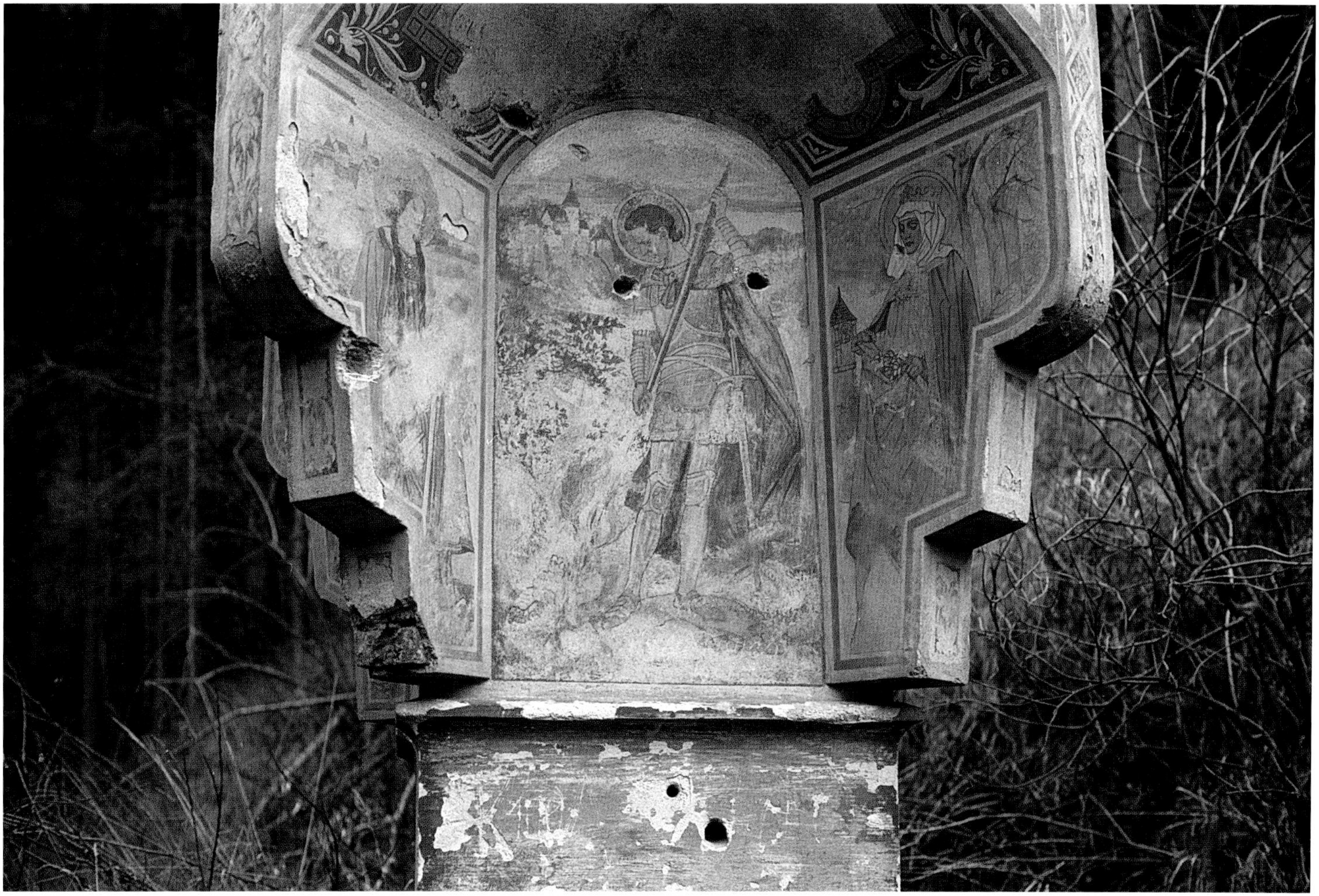

Brdy, vojenský újezd | Military training ground, 1988

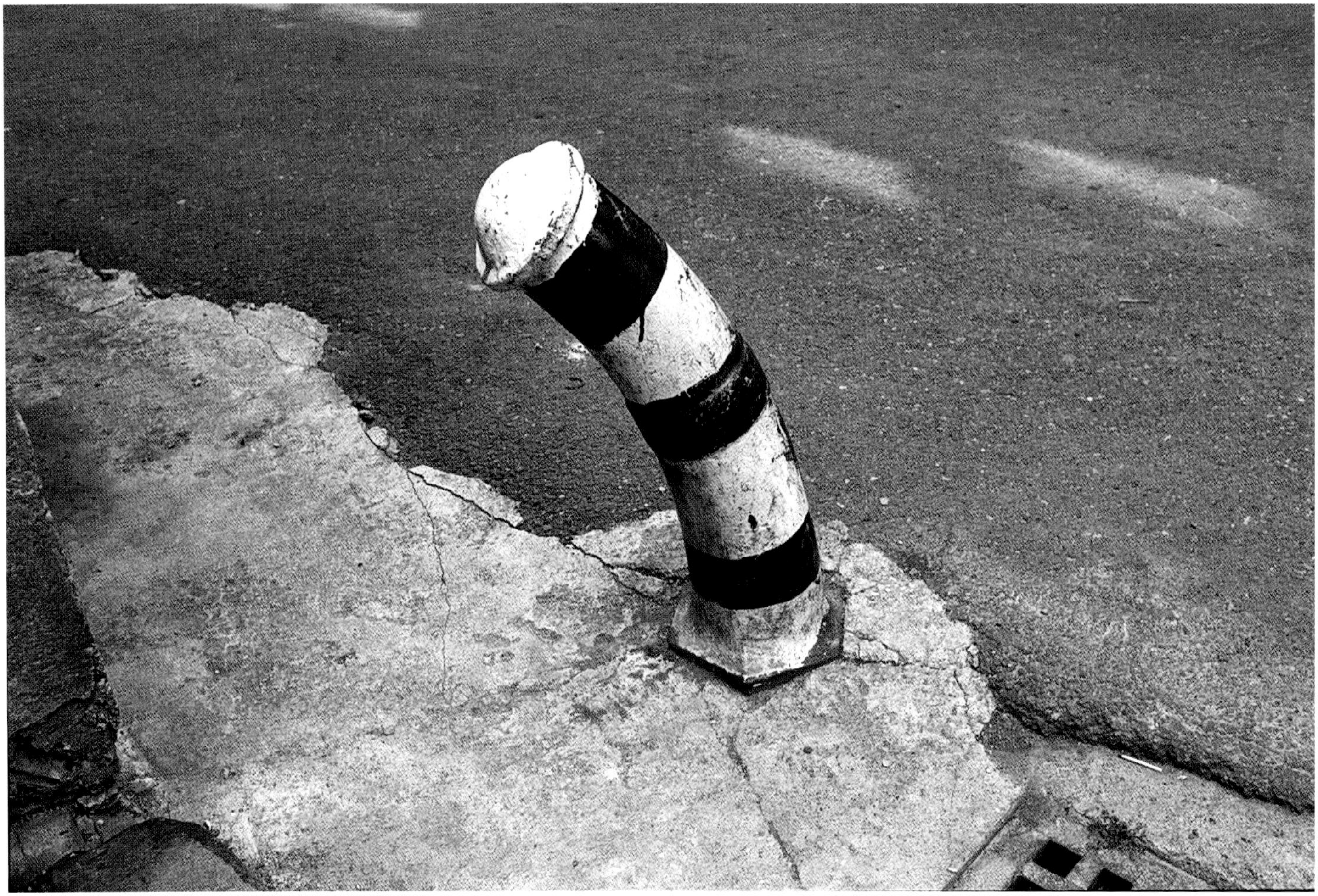

Příbor, 1986

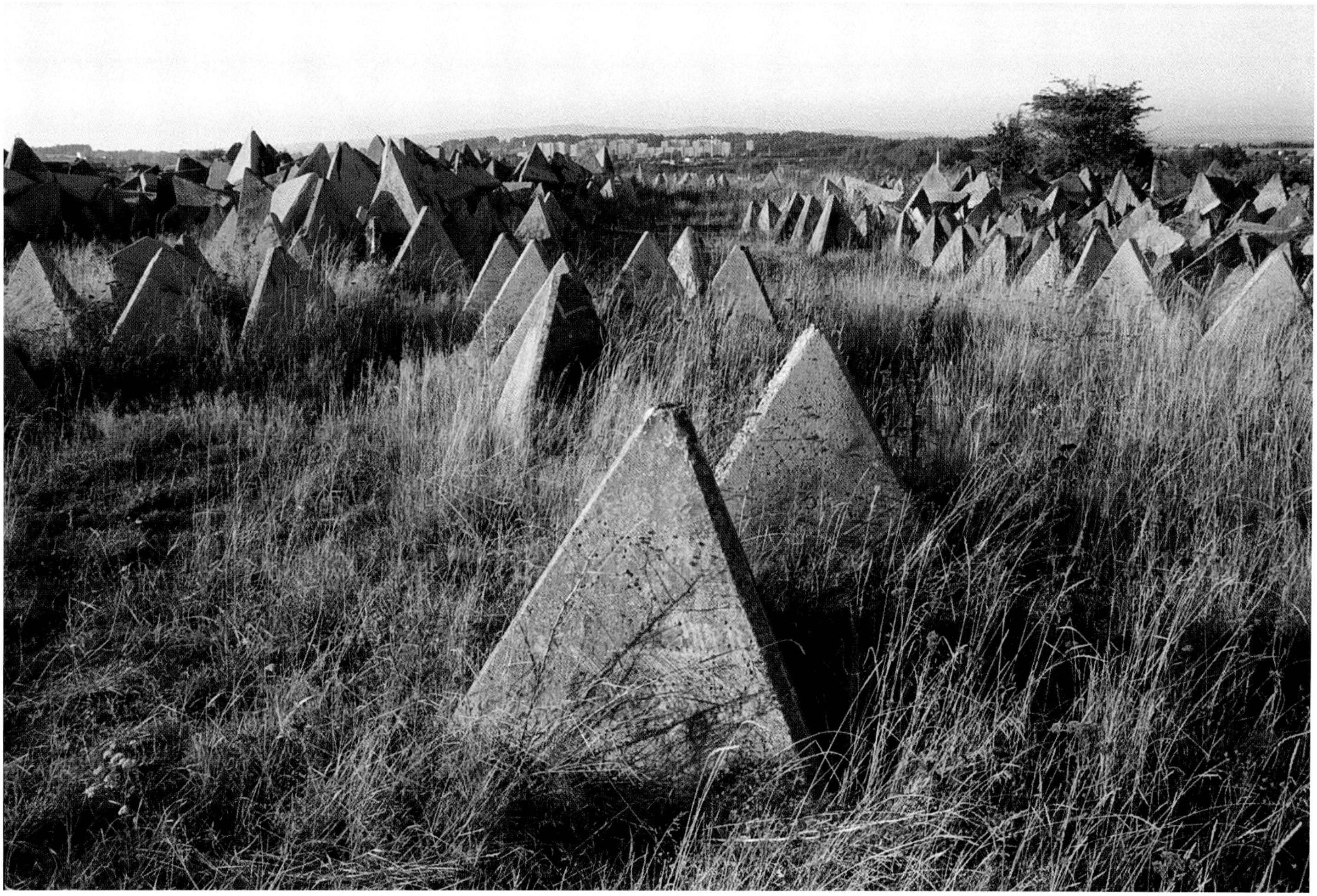

Skládka odstraněných hraničních zátarasů u Chebu | Storage of removed border barriers near Cheb, 1991

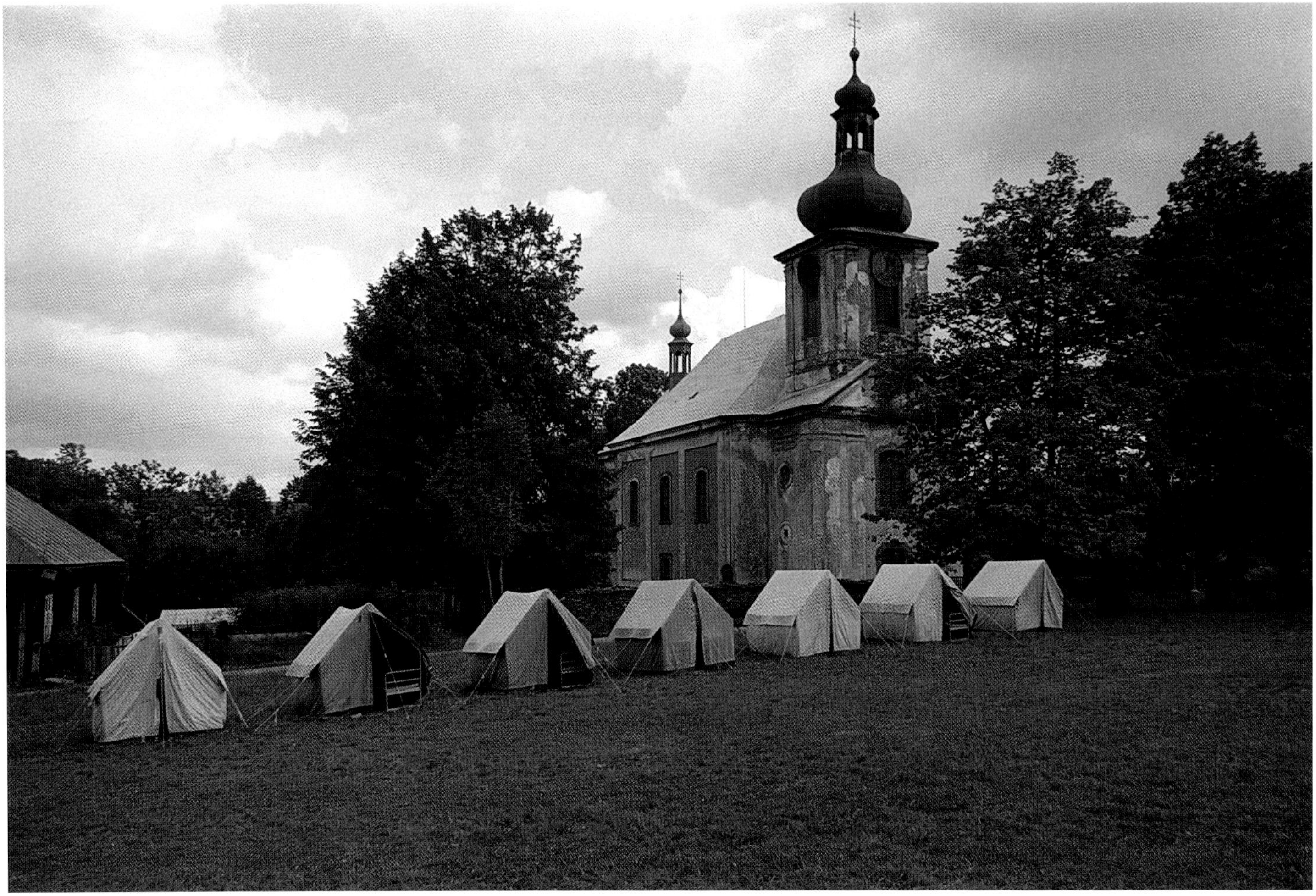

Uhřínov, 1998

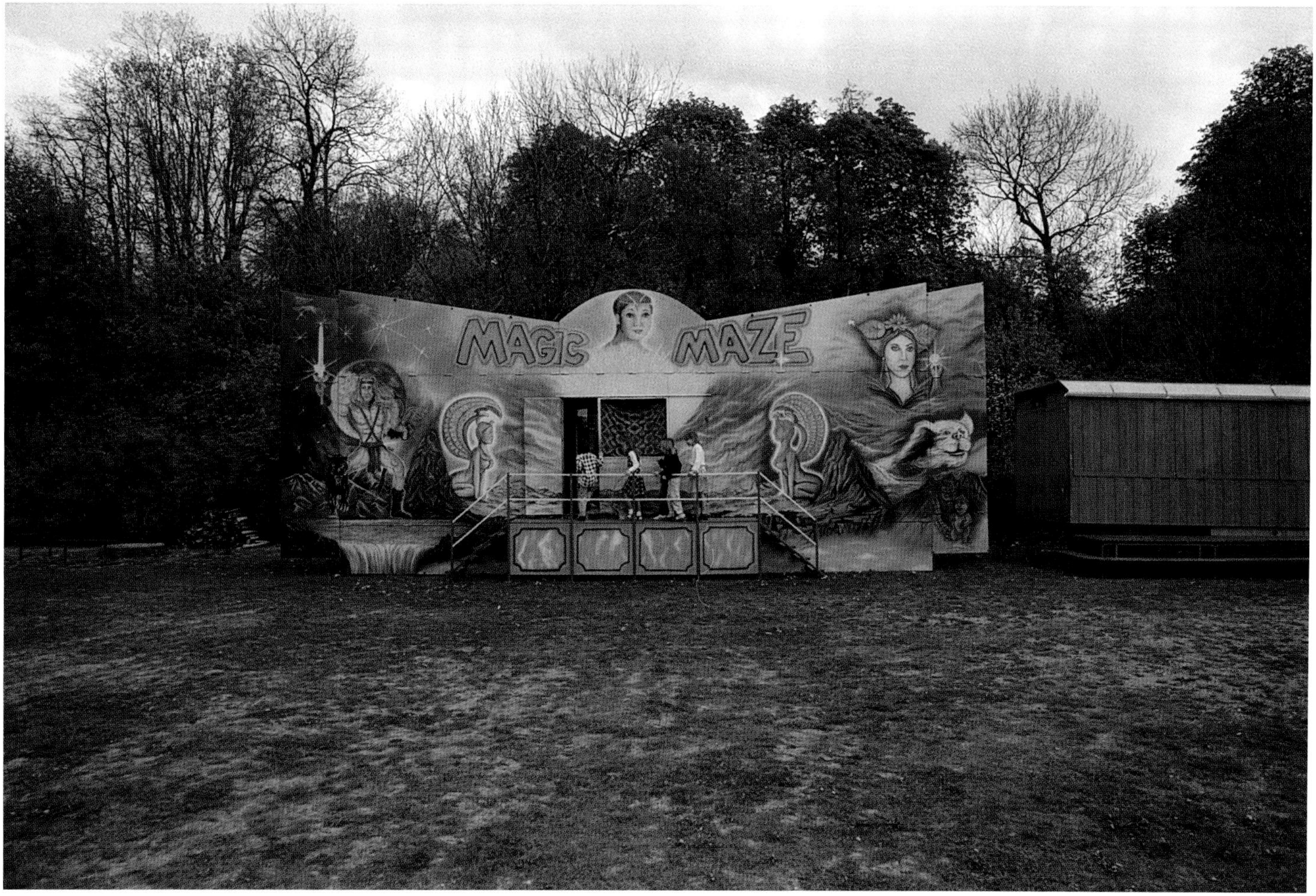

Hořín, 1998

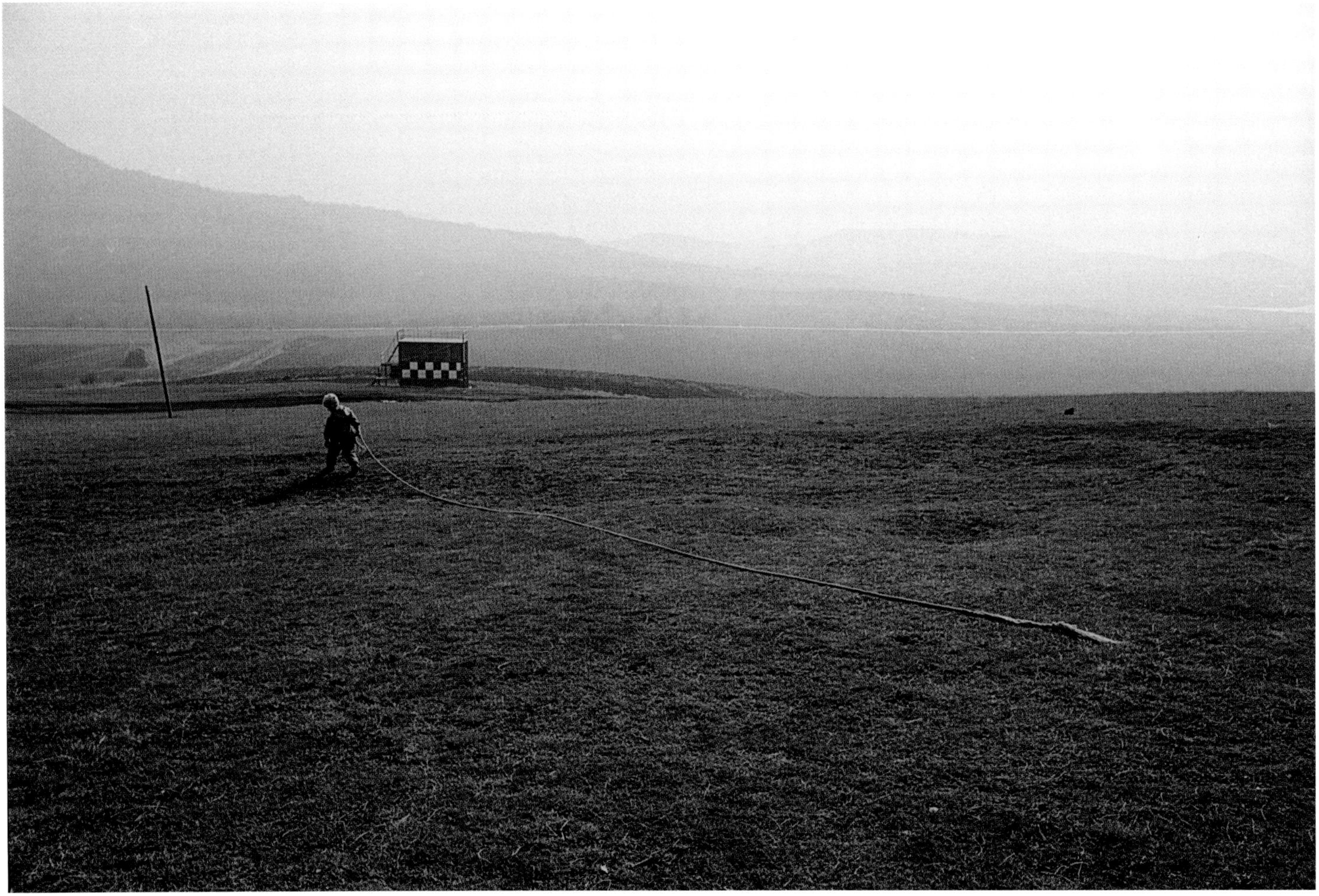

Vrch Raná u Loun | Raná Hill near Louny, 1981

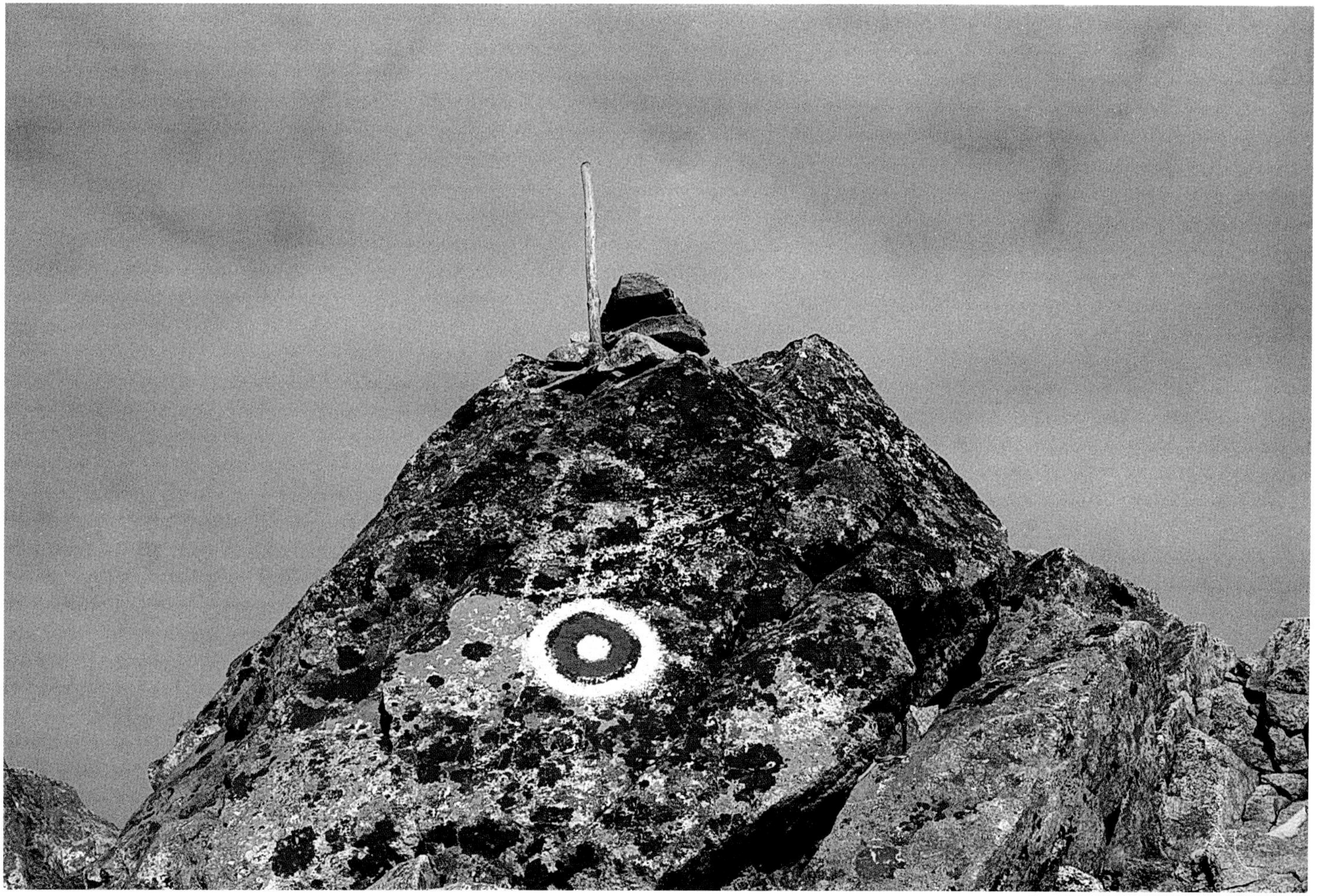

Vysoké Tatry, Kôprovský štít, 1980

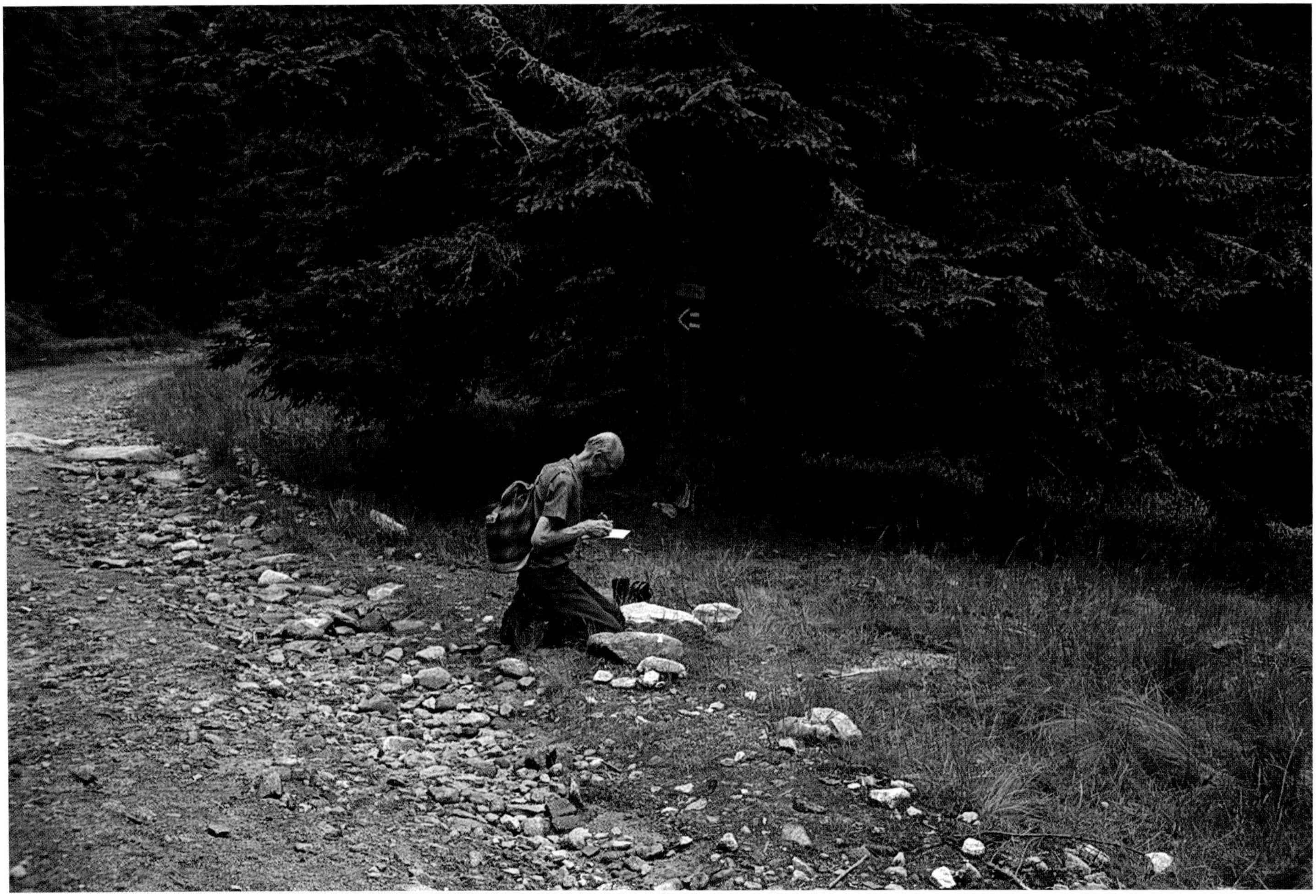

Šumava, 1977

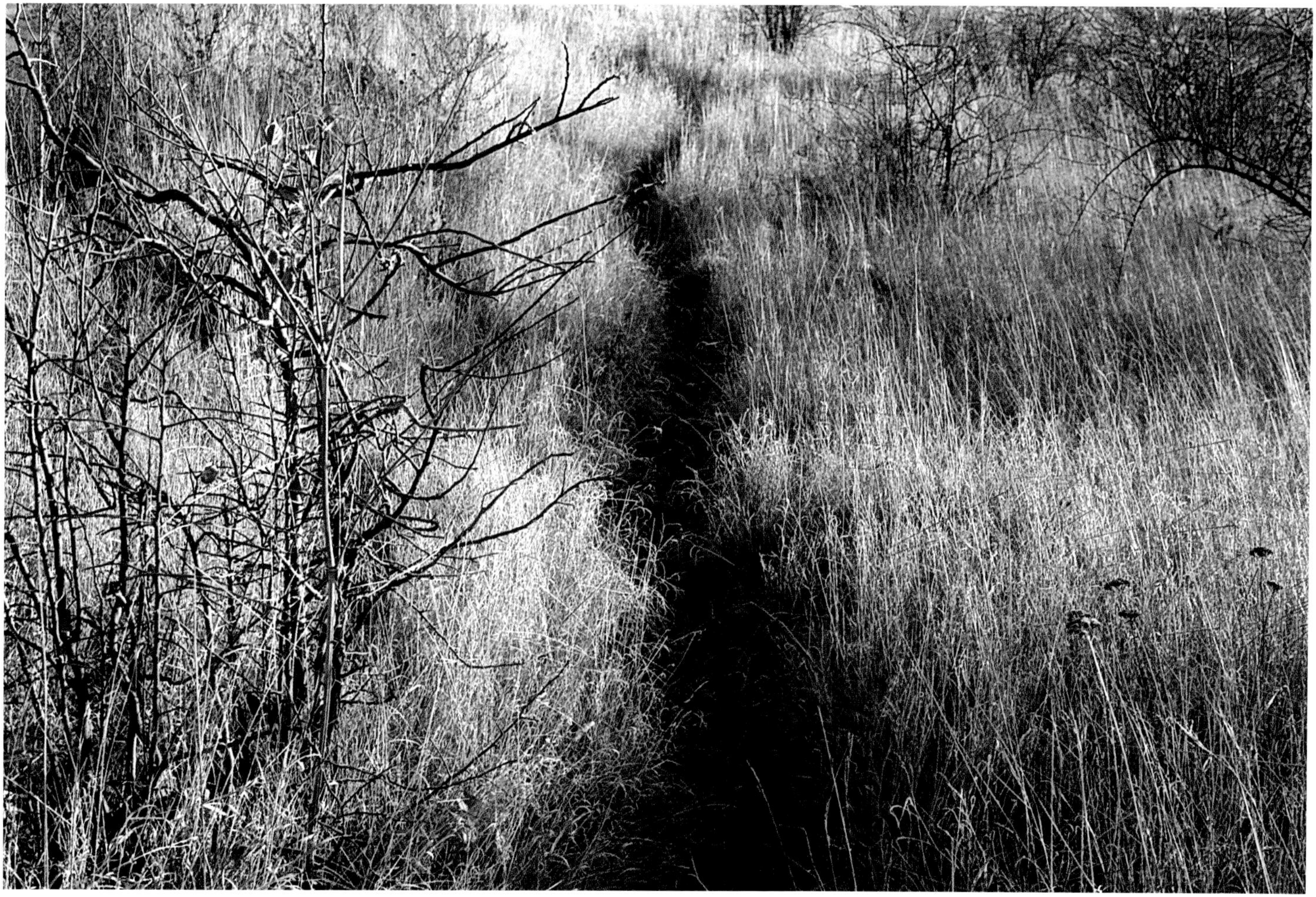

Praha, 1986

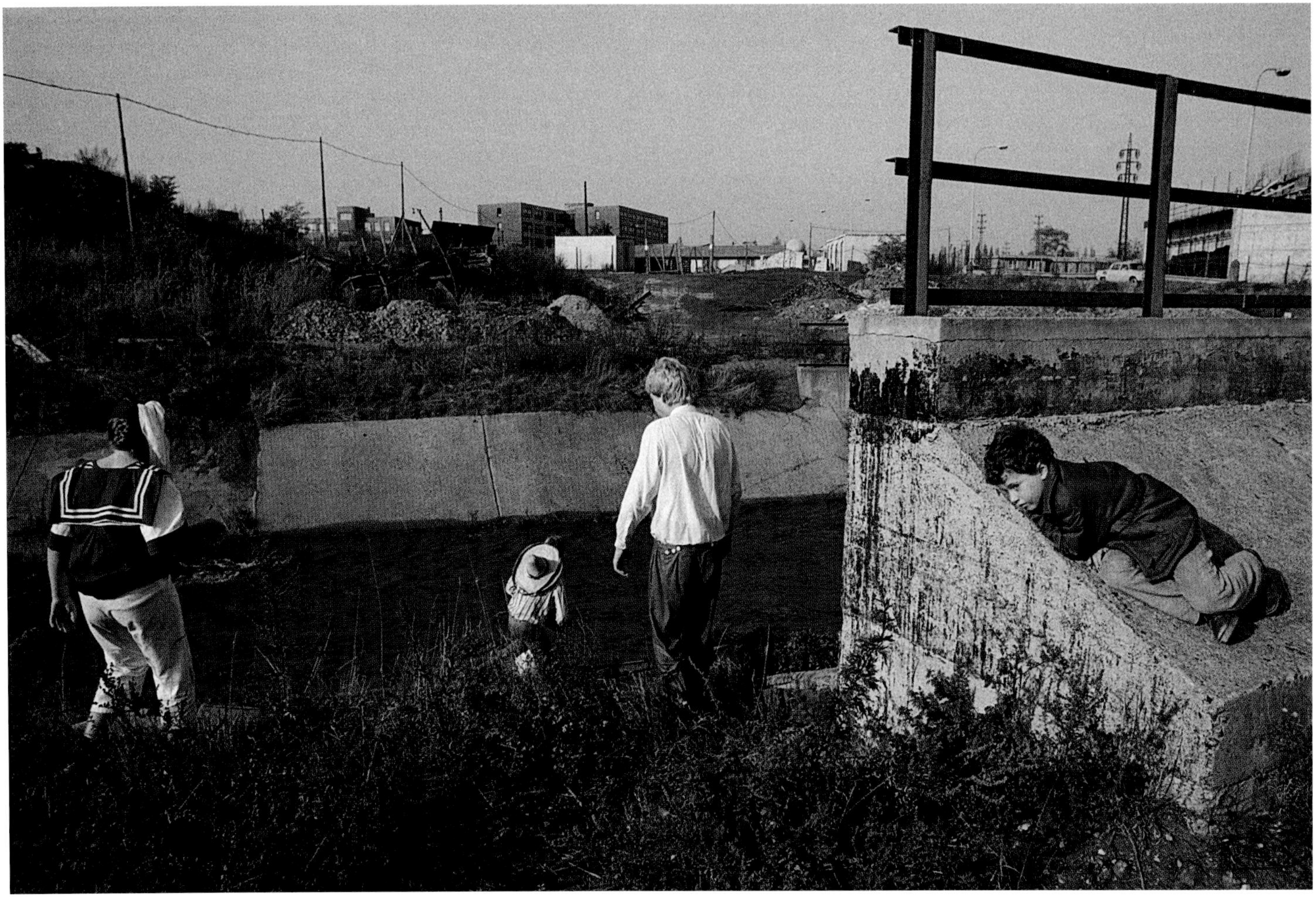

Praha, závody Rio Botičo | Rio Botičo boat race, 1983

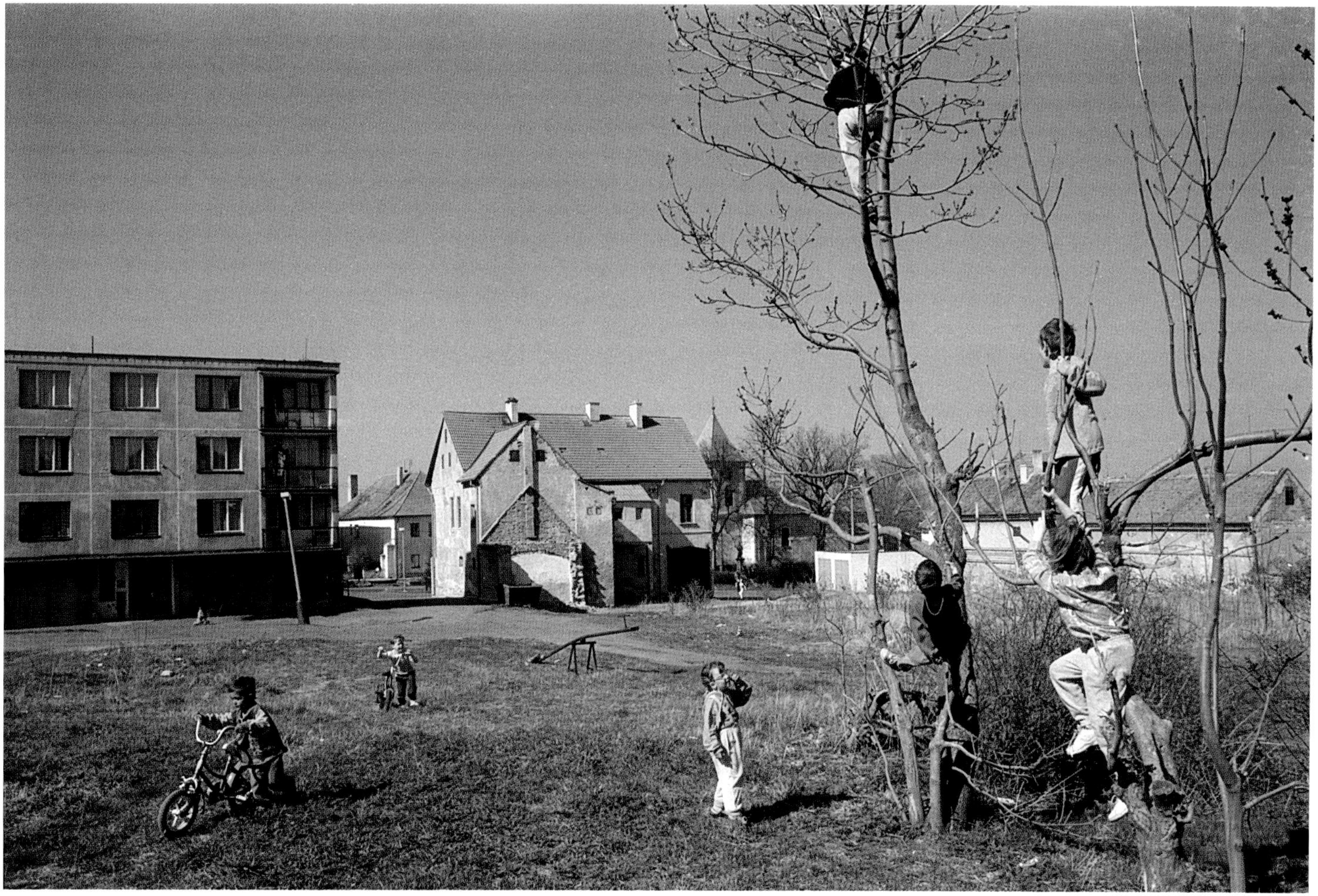

Nepomyšl, 1998

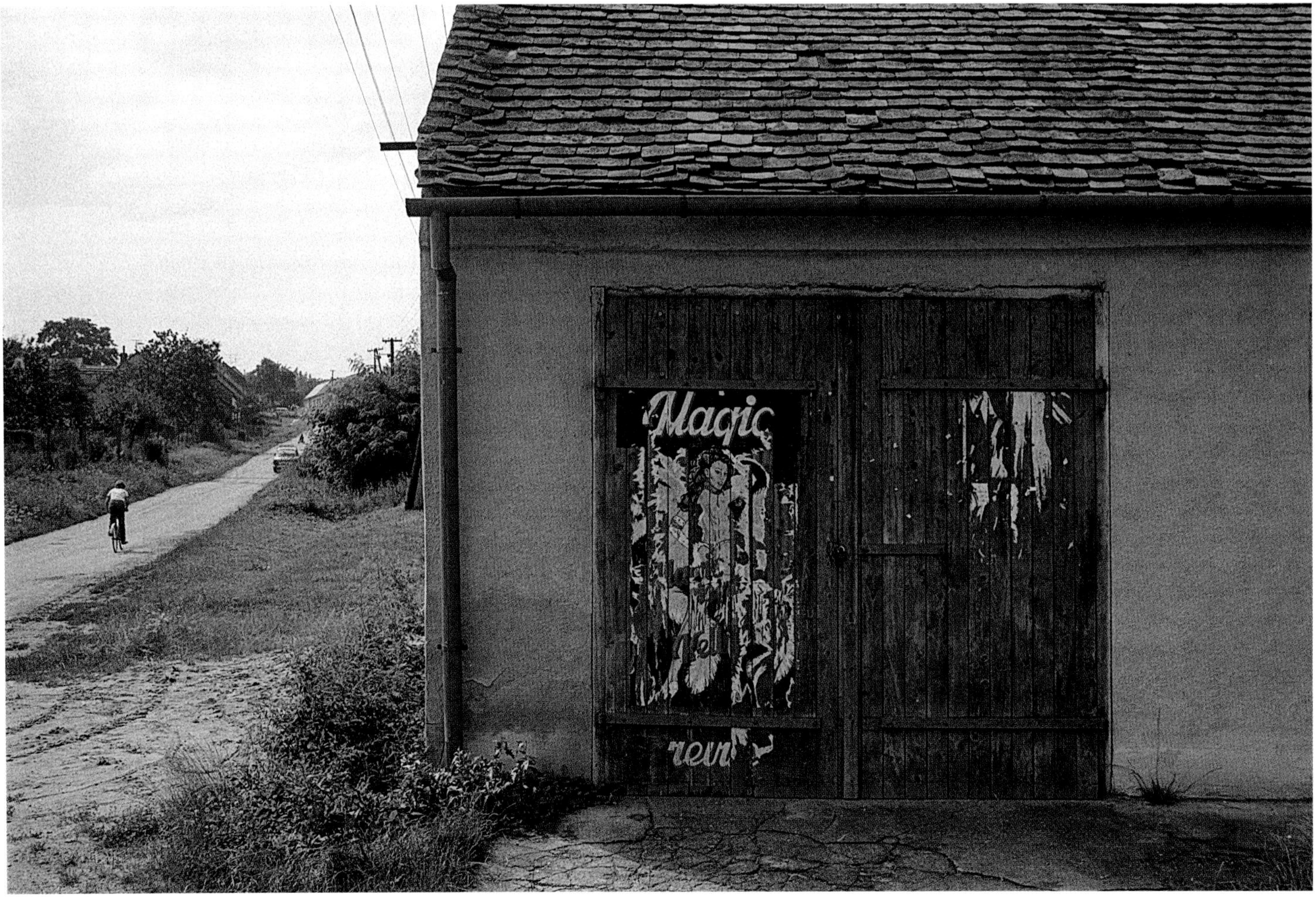

Oleksovice, 1985

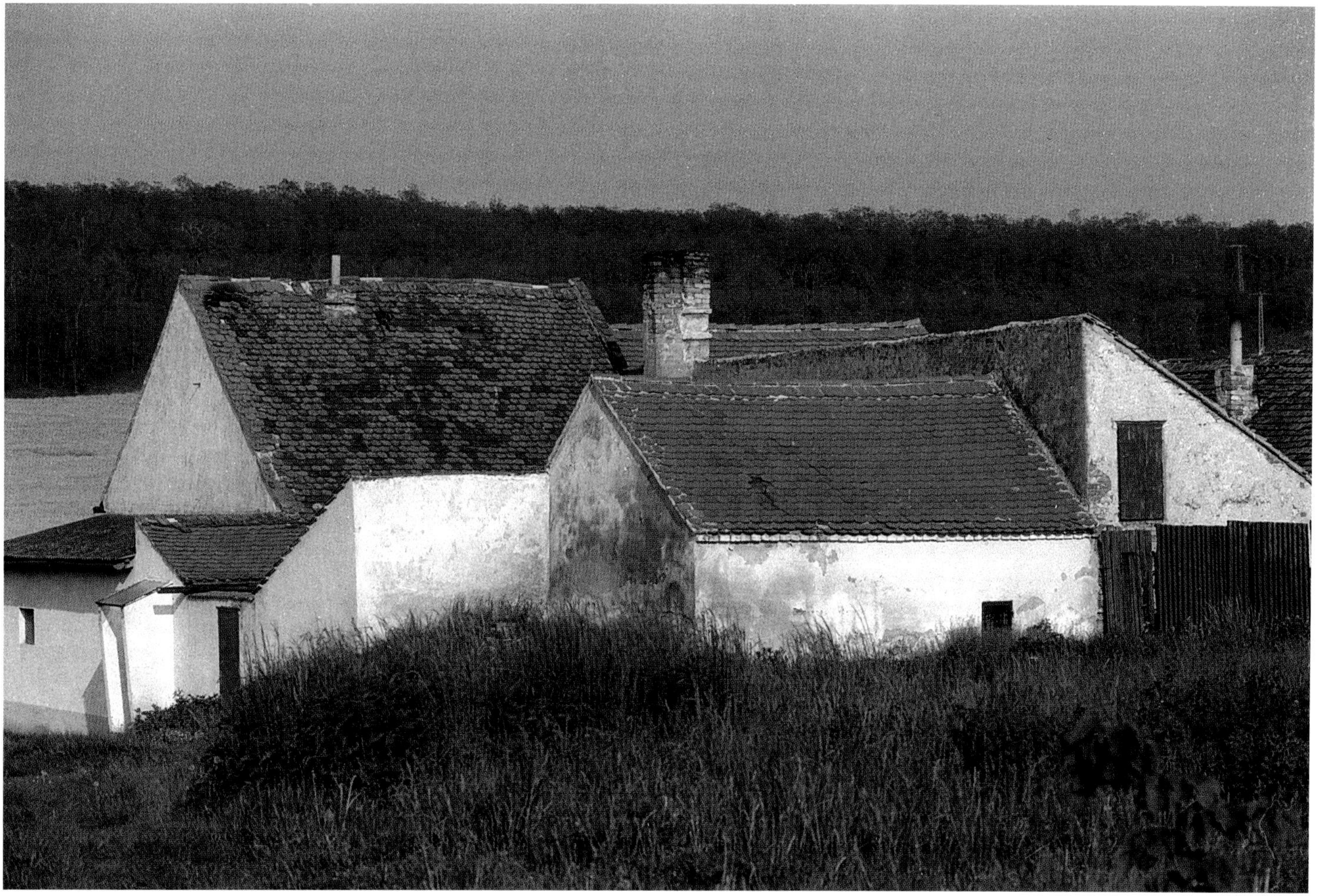

Pravice, 1998

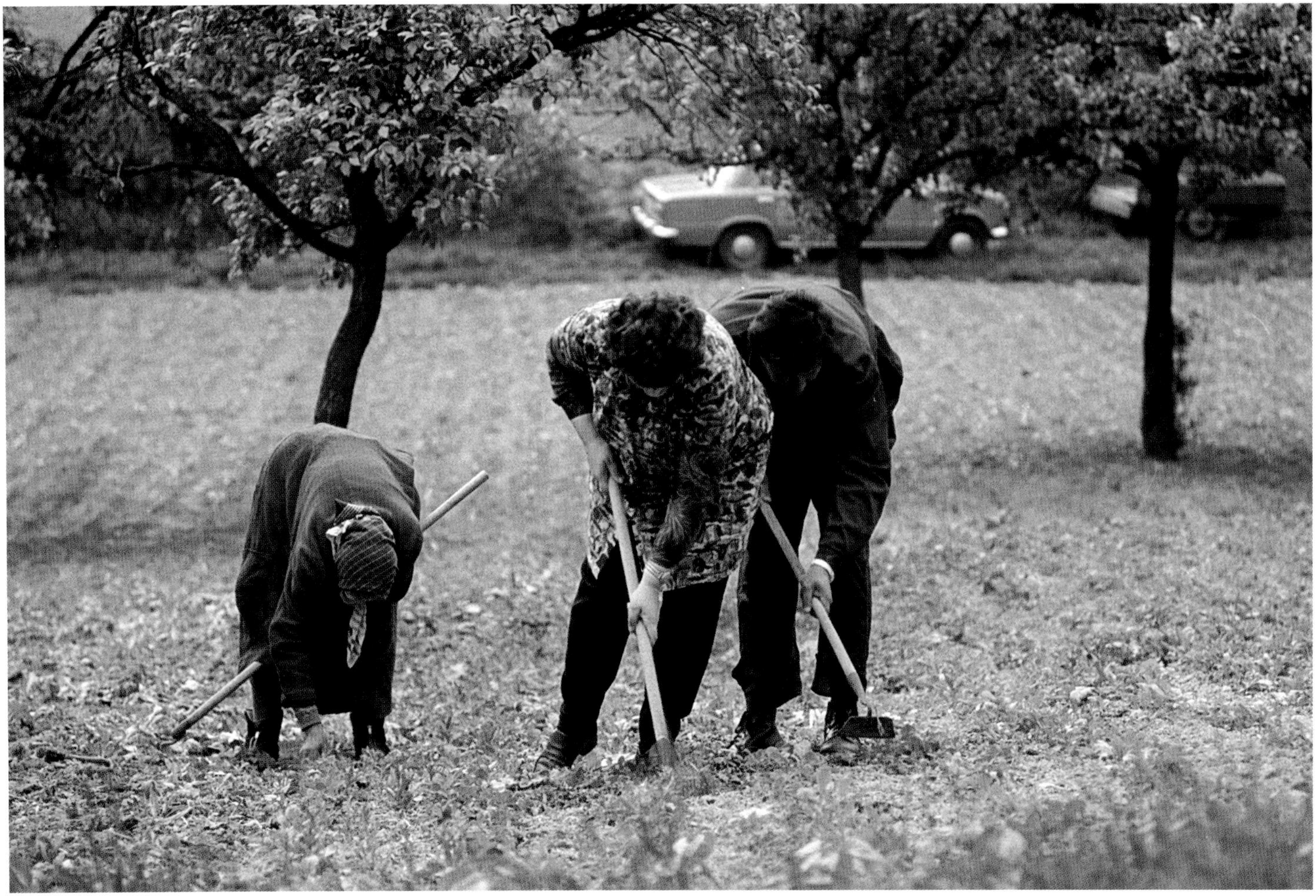

Bohutice, 1980

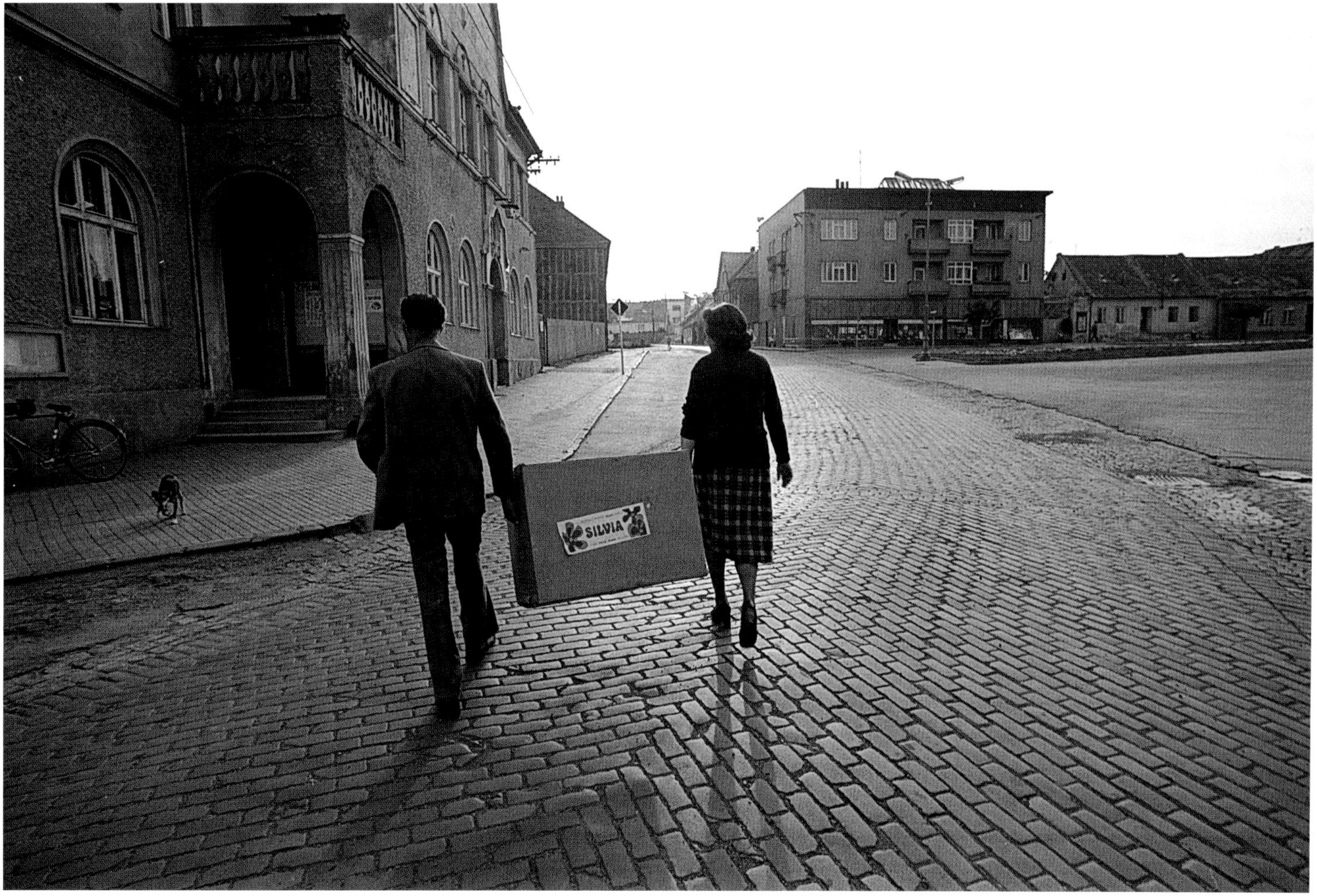

Miroslav, 1980

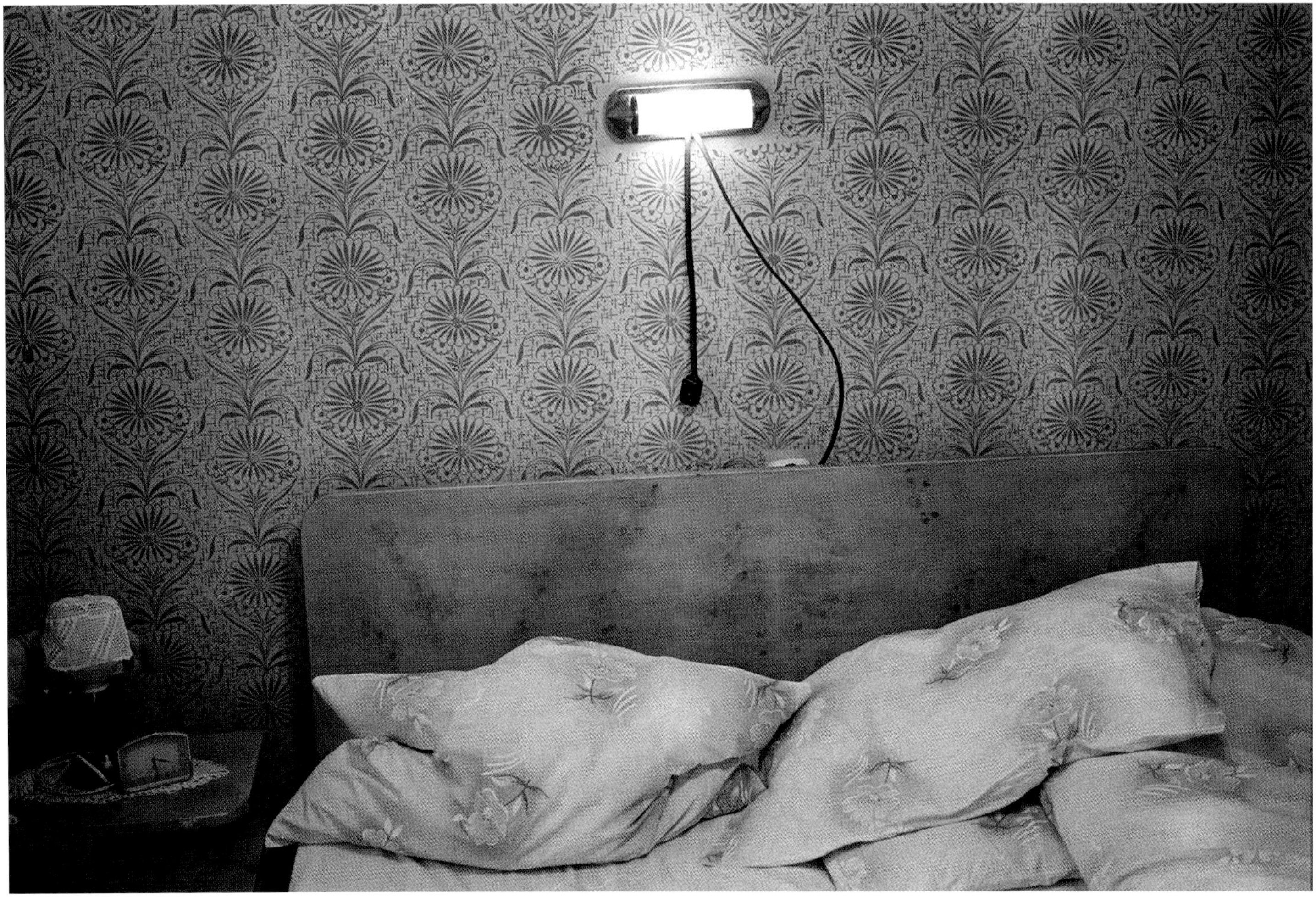

Miroslav, 1994

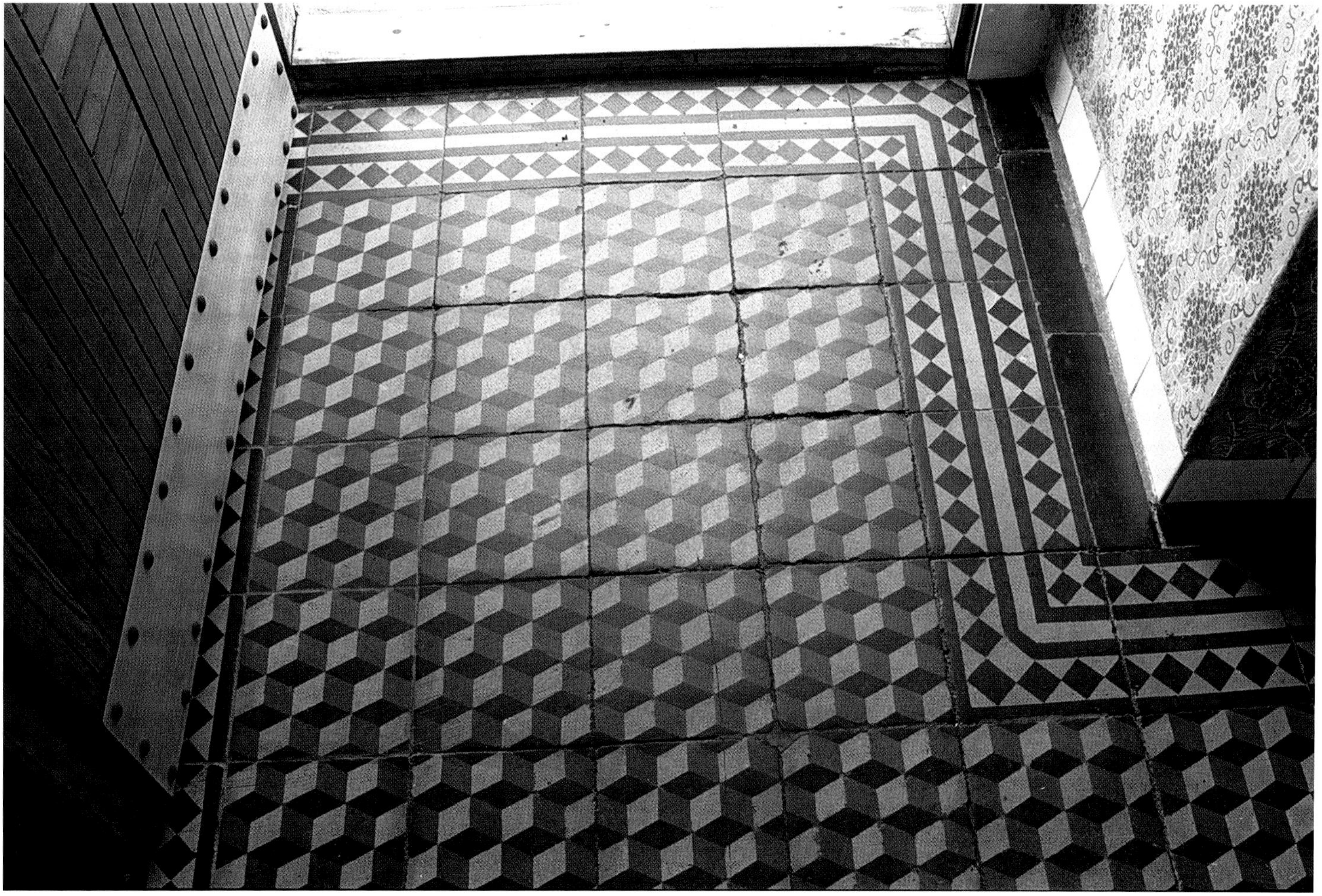

Miroslav, 1987

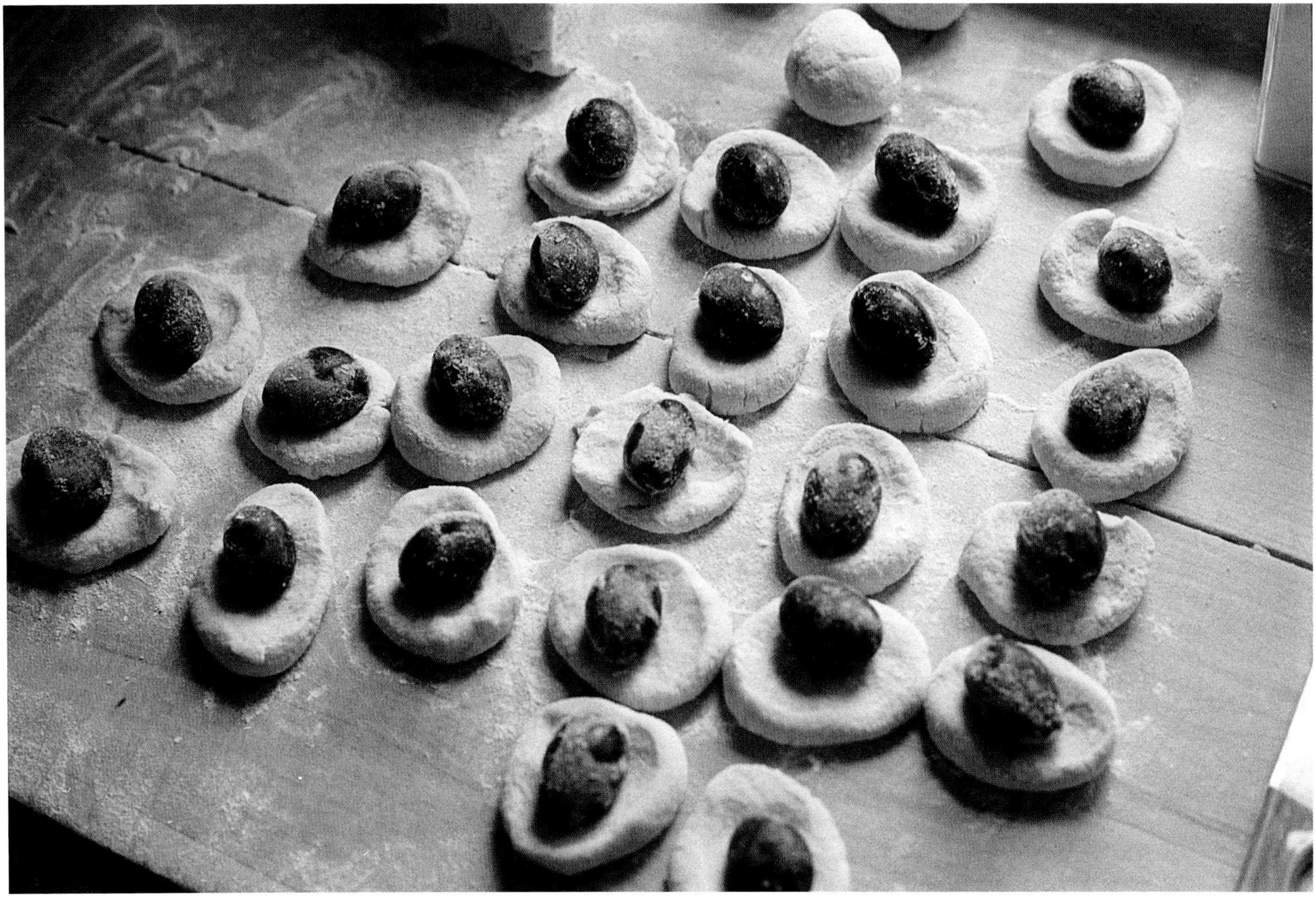

Miroslav, 1994

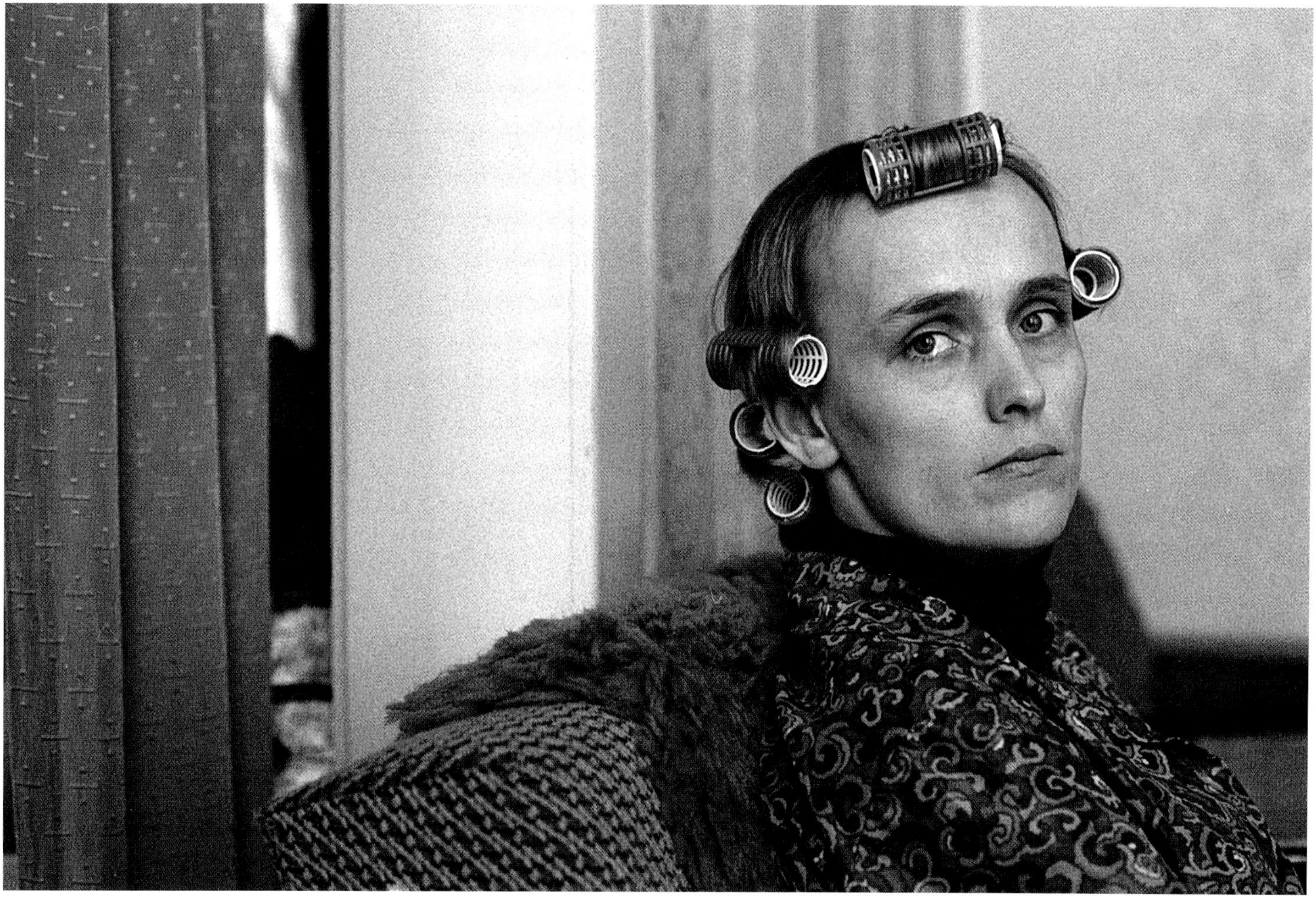

Miroslav, 1980

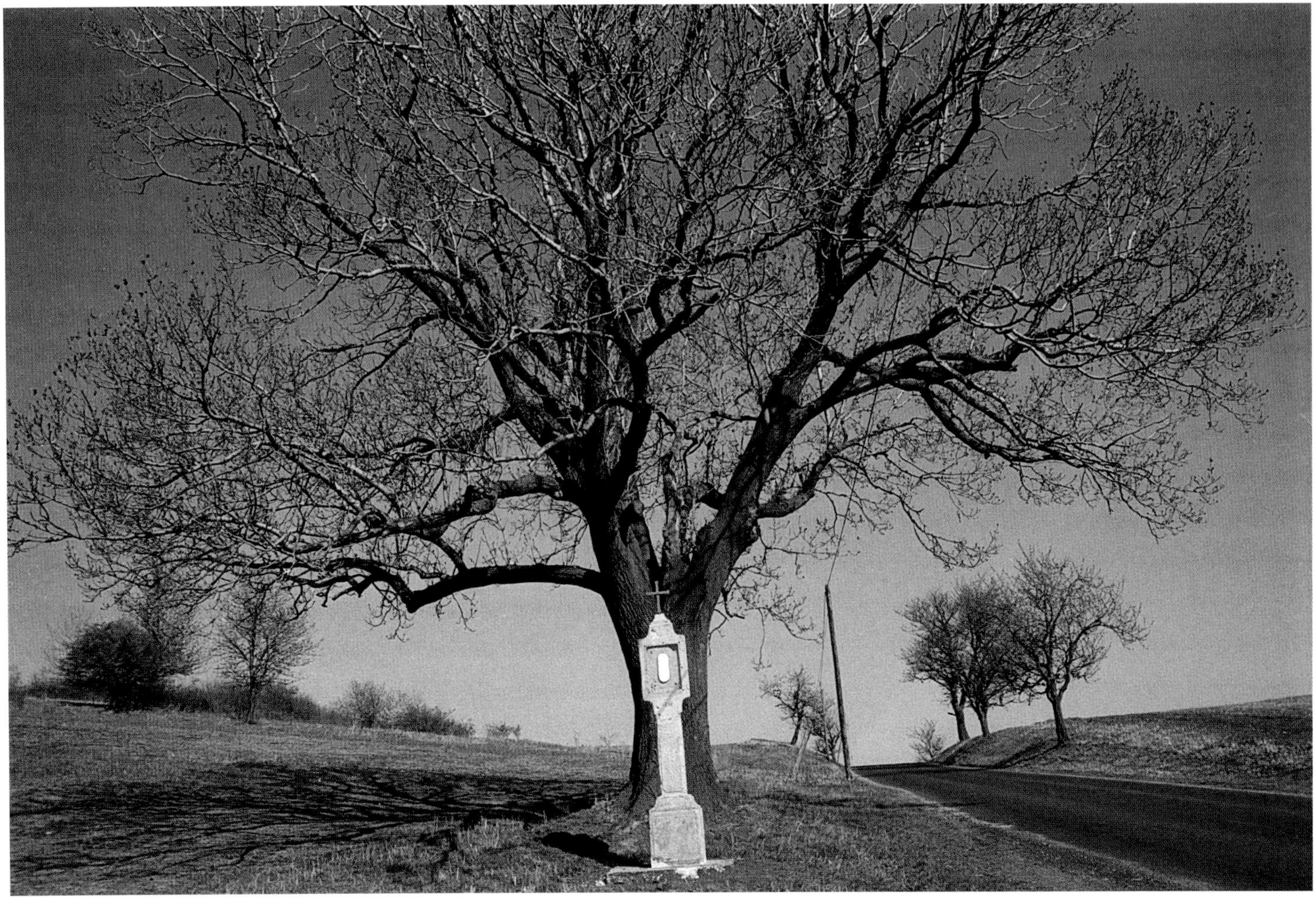

Podbořanský Rohozec, 1998

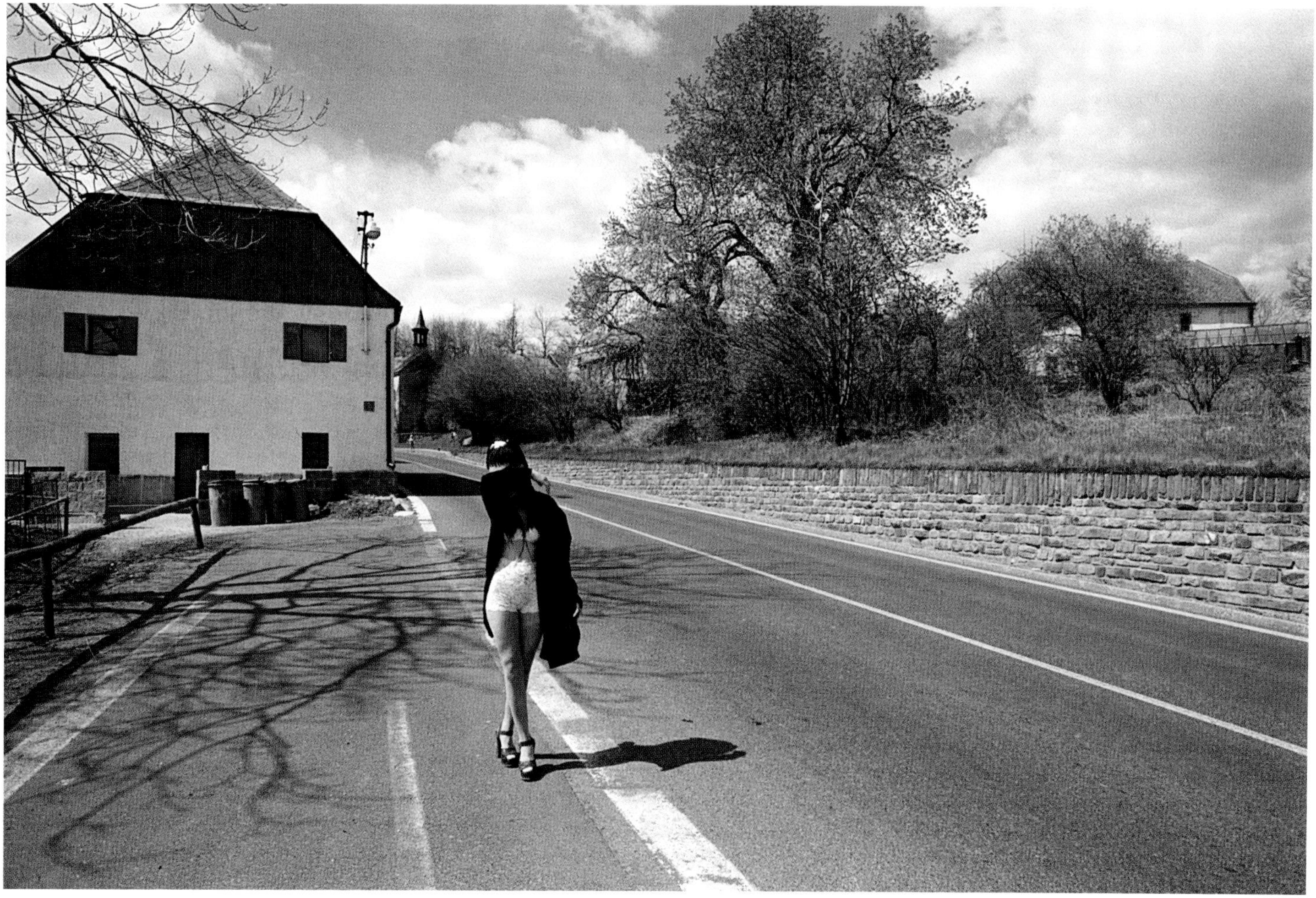

Most, silnice na Horu sv. Šebestiána | Road toward Hora sv. Šebestiána, 1998

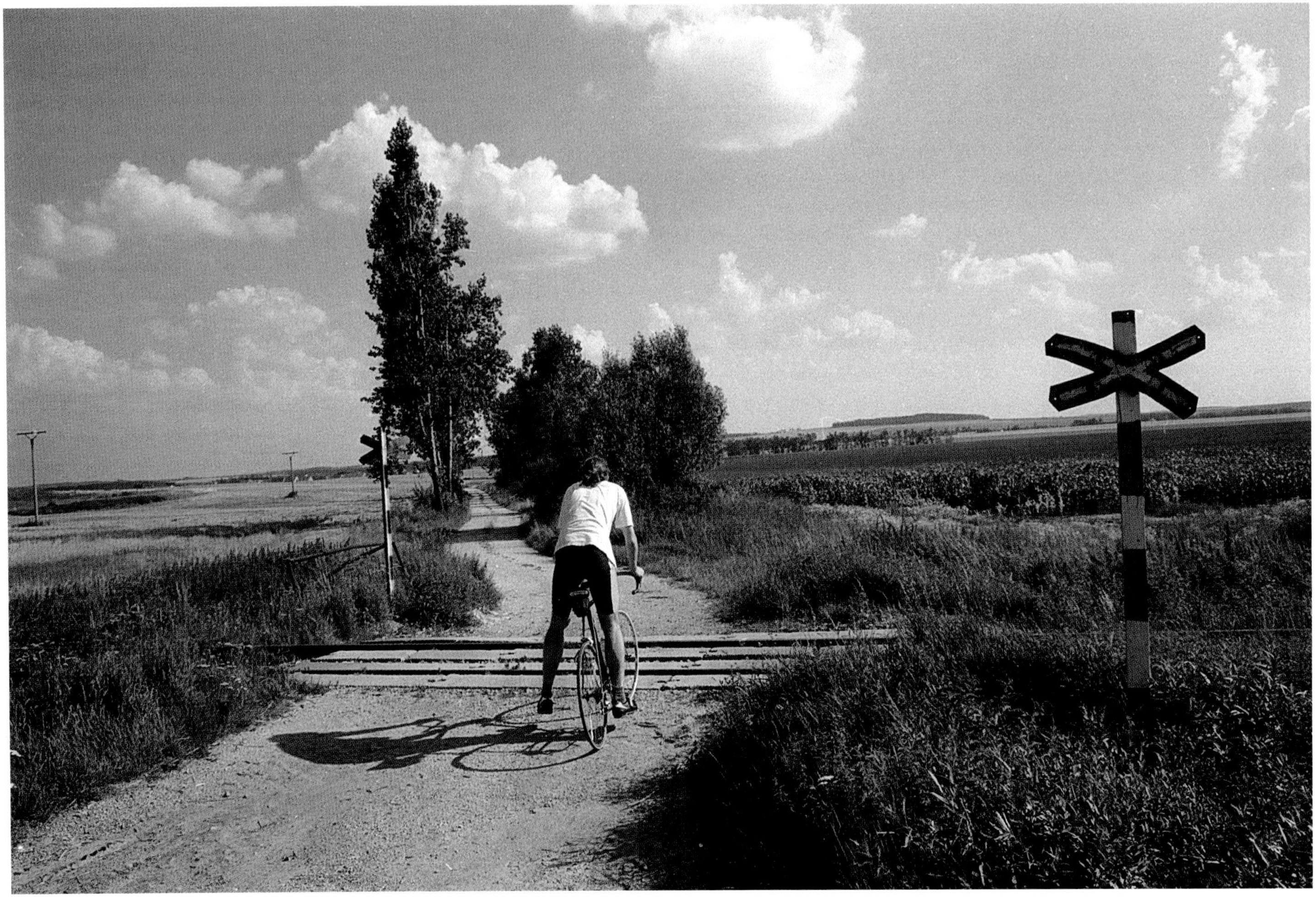

Třebelice, 1997

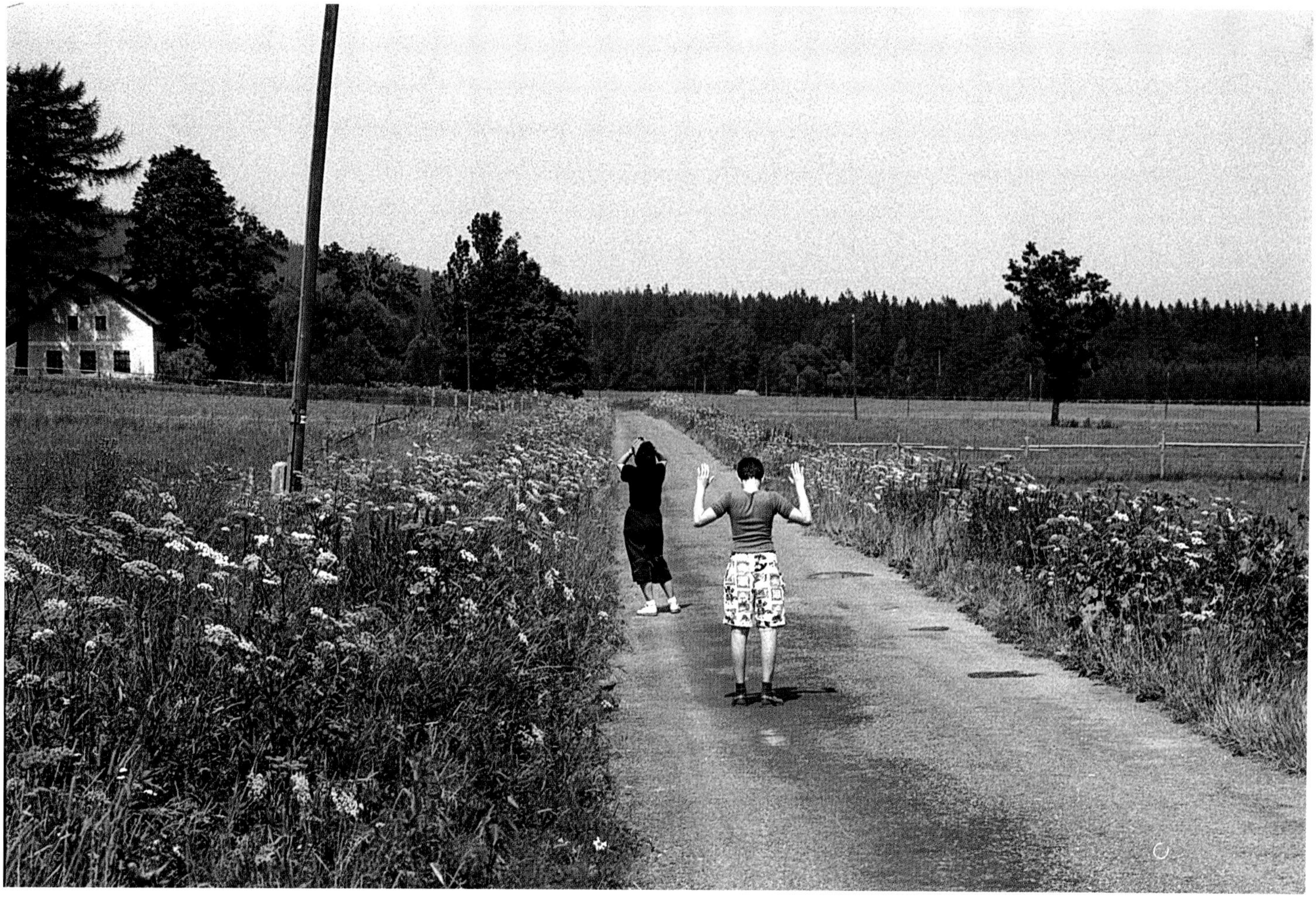

Orlické Záhoří, 1990

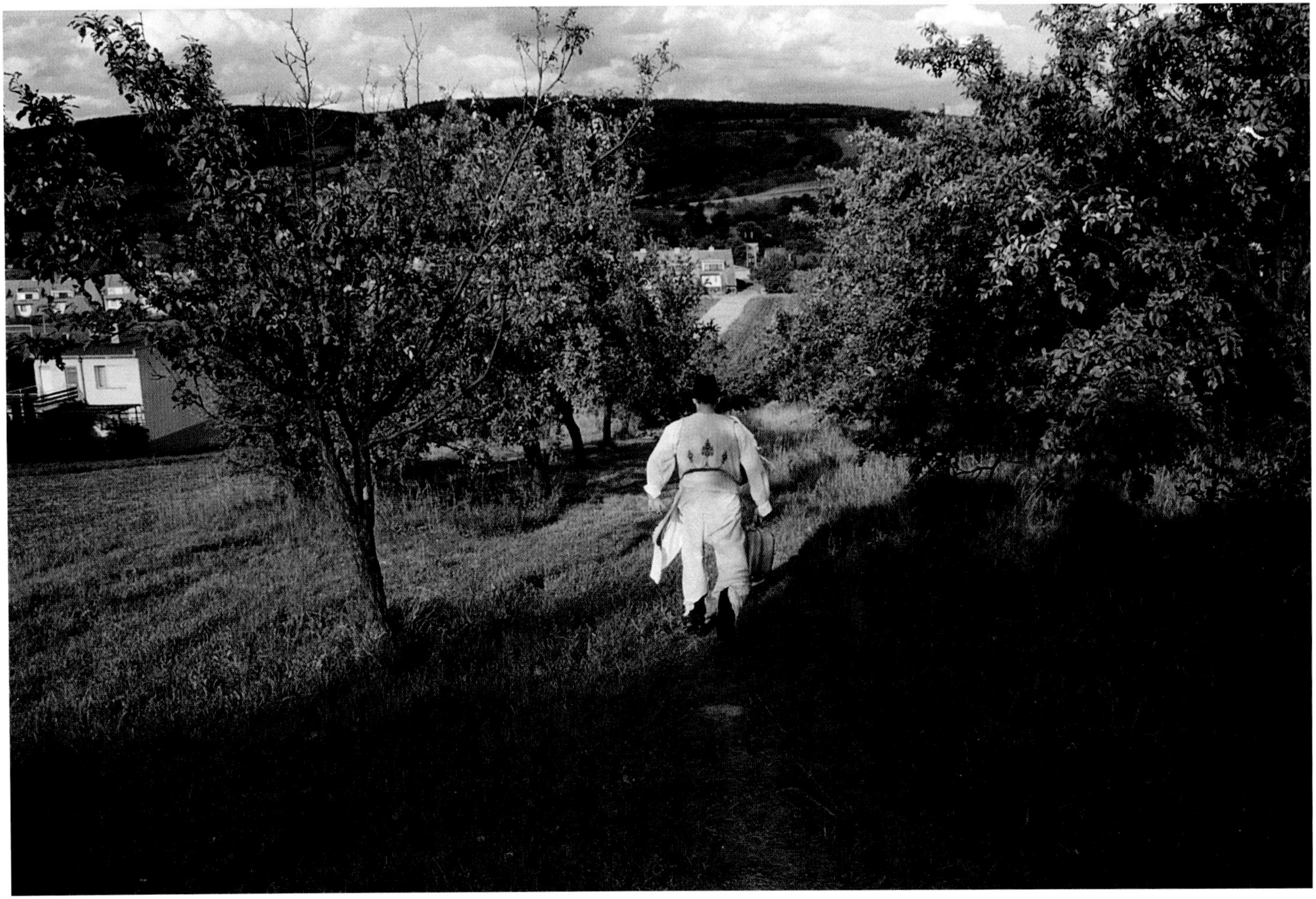

Horňácko, nad Javorníkem | above the village of Javorník, 2000

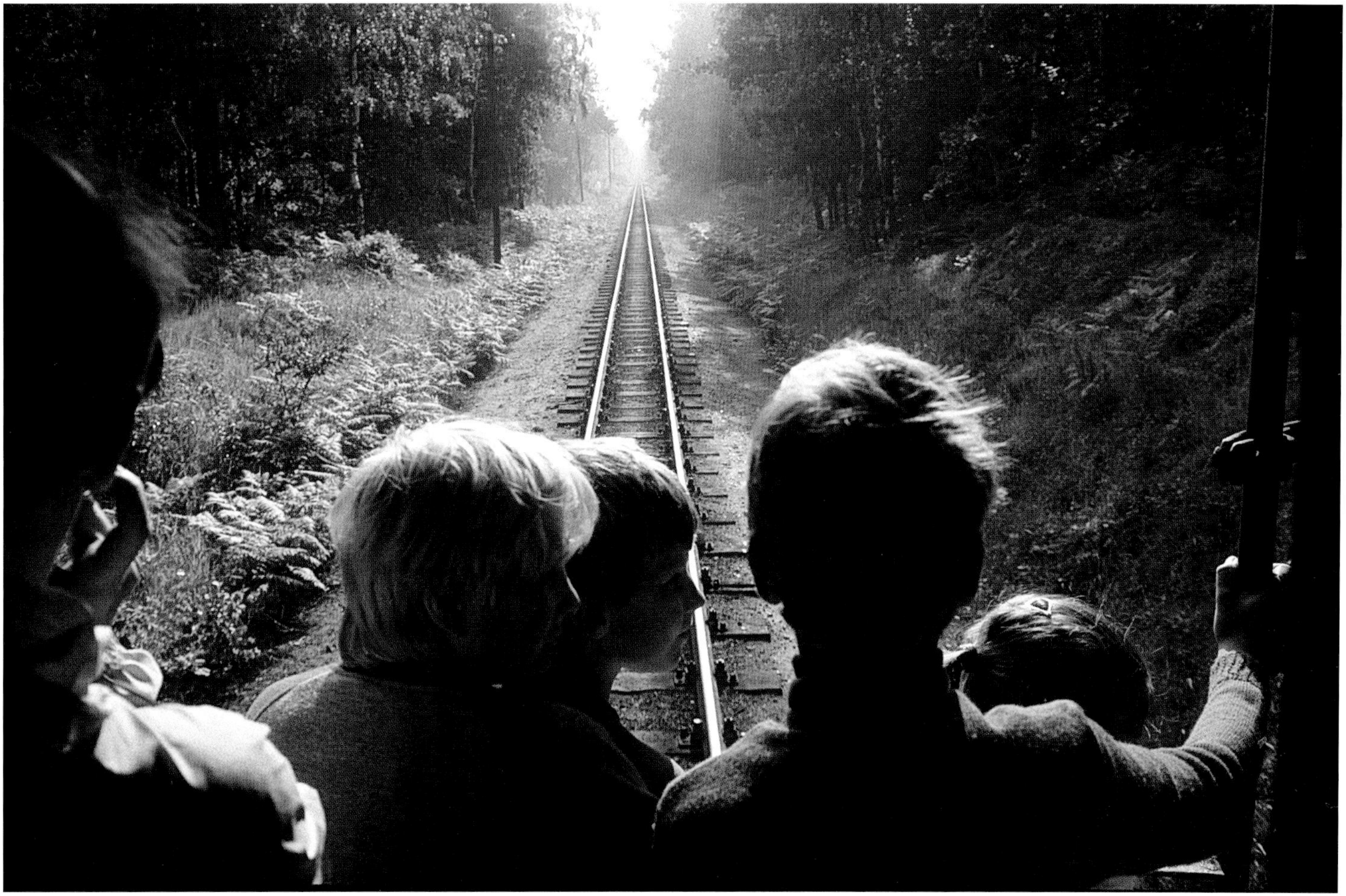

Rujana | Rügen, 1987

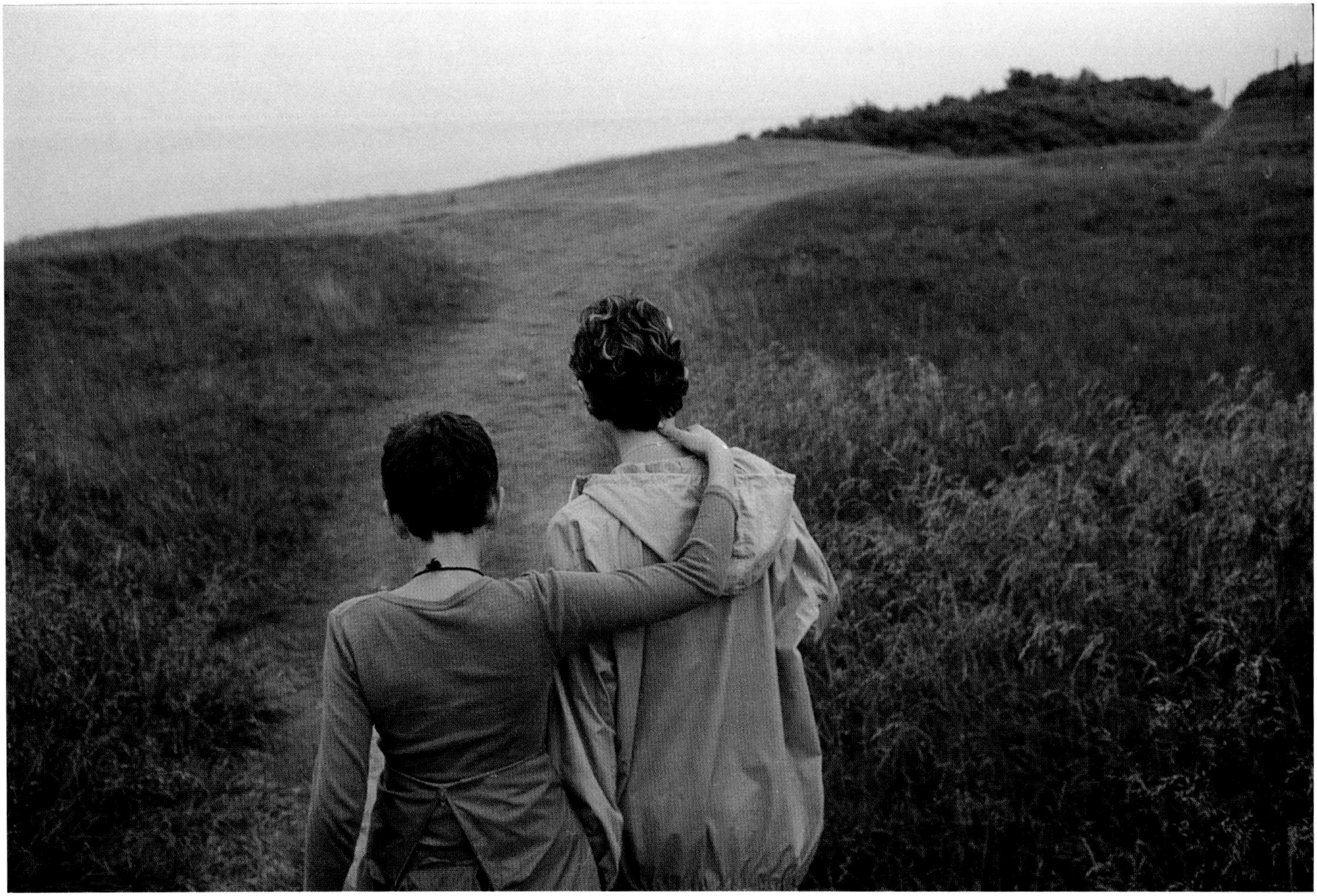

Rujana, Kap Arkona, 1988

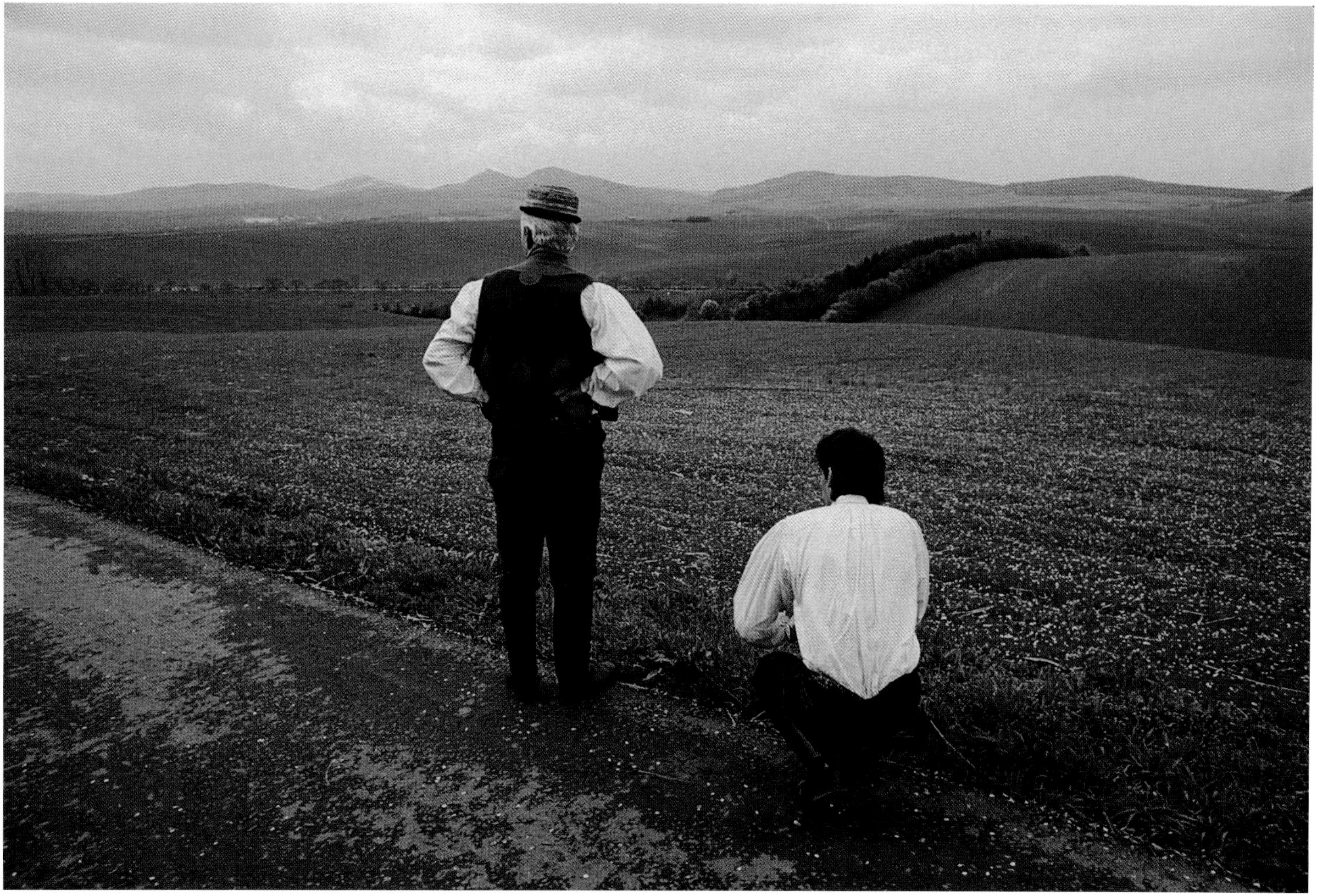

Velehrad, po návštěvě papeže | After the papal visit, 1990

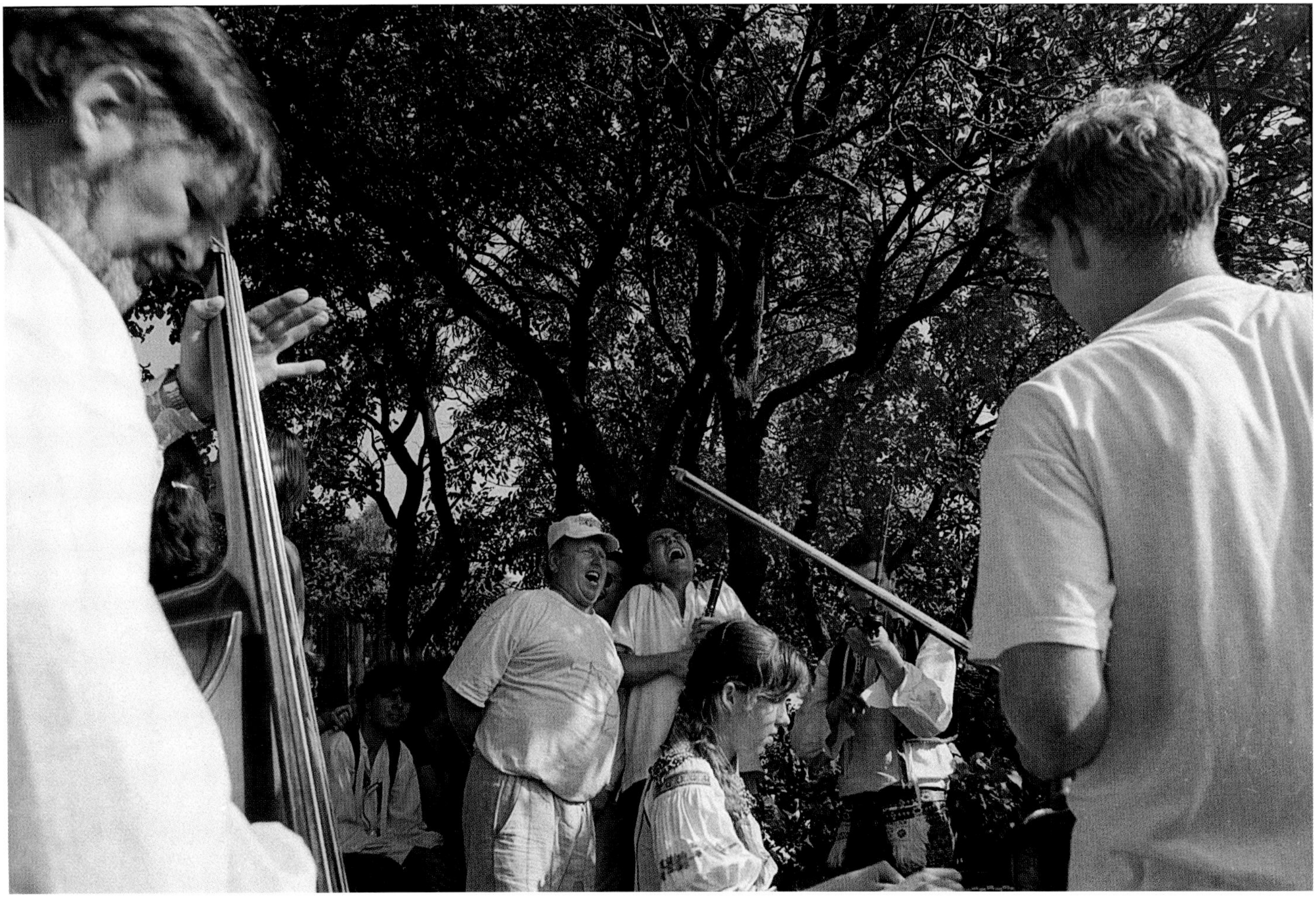

Kuželov, Horňácké hudební slavnosti | Horňácko Music Festival, 1998

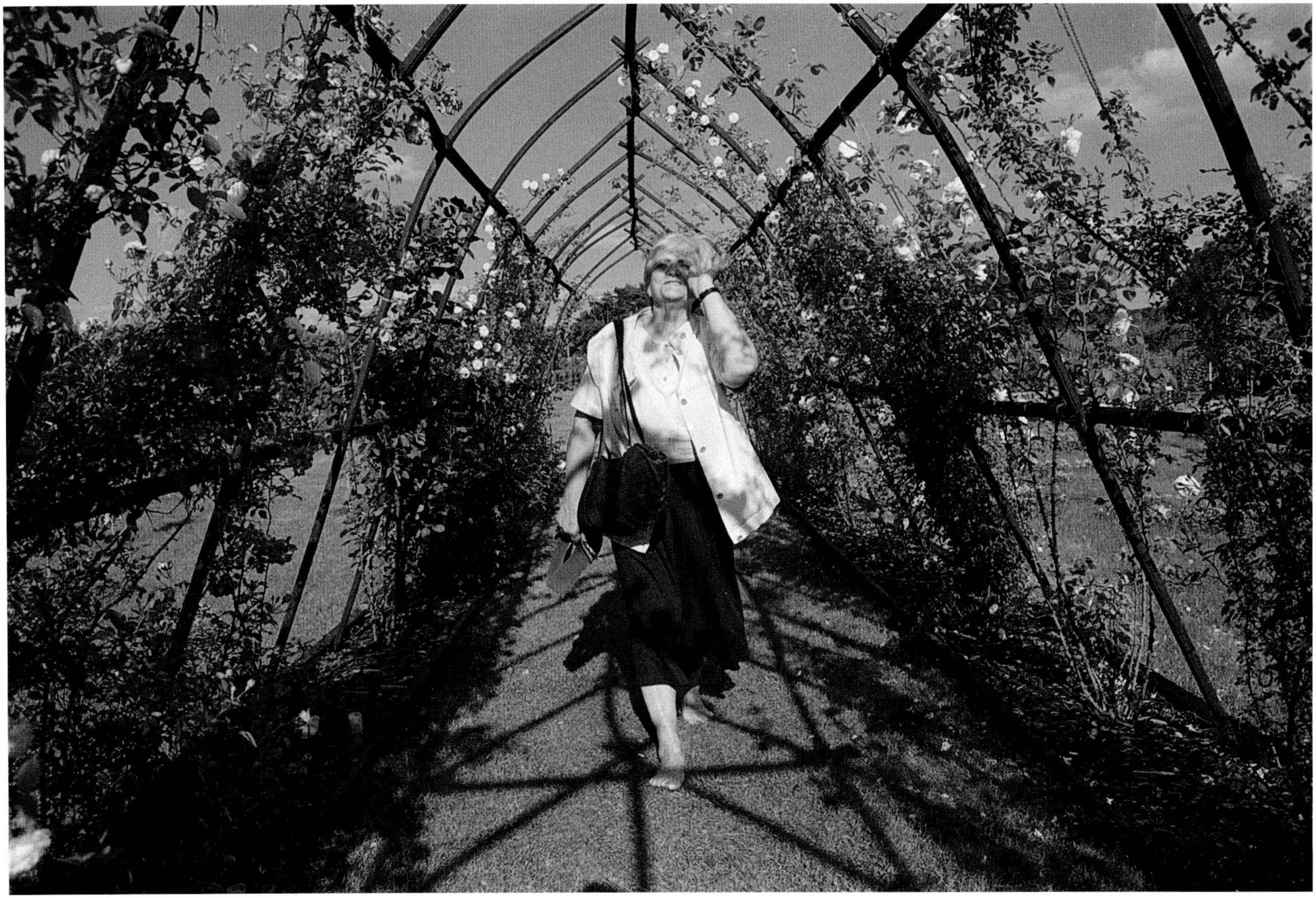

Ostrá, bylinné zahrady Botanicus | Botanicus herb gardens, 2001

Sem tam se někdo zeptá, proč tolik mých fotografií vzniklo v Miroslavi?

Protože se tam vracím celý život a patřím tam. Do roku 1946 to byla česko-německá obec. Leží na dohled od Pálavy, s vodním hradem, nyní zámkem, pod dvěma vinařskými kopci a barokním kostelem, s velkým předválečným, nedávno obnoveným lesním koupalištěm. U kostela je česko-německý hřbitov. Leží tam i můj německý děda. Za první světové války někdo zaslechl jeho nářek a vytáhl ho z hromady mrtvol. Zemřel v roce 1936, takže jeho tělo spočívá v Miroslavi, a ne někde u Stalingradu.

Můj život je nejvíc provázaný s ulicí Třinácky – pro mě šťastné číslo –, kde je krásná budova moderní základní školy. Na horním konci stojí můj rodný dům, kde jsme bydleli do mých šesti let. Boční štít porostlý révou, před vchodem dva dvoumetrové kamenné schody, které v létě hřály dlouho do noci. Zdobná mozaika dlažby pro první kroky, v tlustých ponožkách použitelná i jako klouzačka. Obývací pokoj se stále znatelnou jamkou ve stropě – následek frajerských hrátek: hlaveň revolveru, který mě měl ochránit před zlým kapitalistou, byla těsně před výstřelem zapomenutého náboje odkloněna od mé hlavy směrem do stropu. Ložnice s moderní kovovou lampičkou, která mně posvítila na první chvíle na tomhle světě. Je tam dodnes. V kuchyni vestavěná skříň, kachlová litinová kamna se zábradlím leštěným šmirglem a stůl s otočnými dřezy, který se obkladem z lepenky proměnil v dětský domek. V koupelně u vany dvoumetrový bojler na uhlí. Cákání v teplé vodě v červenavém šeru, po stěnách v reprodukce holandských bruslařů, za závěsem hovory z kuchyně. Za vnitřním oknem byly vidět schody na půdu, kam vždy po příjezdu na prázdniny vedly první kroky za vůní rozpálené slámy a hromadou tajemných starých věcí. V prádelně vůně kvašáků. Půlmetrový kotel s ohništěm: v létě meruňková marmeláda, v zimě zabijačka. Vedle malá šikovná dílna. Na dvoře patnáctimetrový ořech, který rostl přímo stříškou chlívku. Studna, která ztratila vodu po zavedení vodovodu. Malý altán s rozbitým křeslem, který se na léto stával mým pupkem světa. Všude po městě jsem potkával nejbližší příbuzné. O prázdninách jsme bydleli v mansardě u babičky. Ráno vůně zalité melty s trochou zrnkové. A za chvilku otevřeným oknem létaly přes záclonu čerstvé rohlíky, které babička koupila ještě cestou do práce.

Když si to všechno vybavuji, uvědomuji si, kolik se toho na fotografiích zachytit nikdy nepodaří…

Jaromír Čejka

Now and then, I hear the question: why were so many of my photographs taken in Miroslav?

Because I've been returning there my entire life, and I belong there. Until 1946, it was a mixed Czech-German town. Lying with a view to the hill of Pálava, with a moated castle (now a chateau), under two vineyard hillsides and a Baroque church, near a large pre-war, recently restored forest swimming-bath. The cemetery by the church is both Czech and German. It's where my German grandfather lies. In World War I, someone heard his cries and pulled him out from a heap of corpses. He died in 1936, so his final resting place is here in Miroslav, not somewhere near Stalingrad.

Most of all, my life is connected to the street known as Třinácky – thirteen, for me a lucky number – where there's now a beautiful modern primary school. At the upper end is a house, where my family lived until I was six. A side gable covered in vines; in front of the entrance two two-metre stone steps, where in the summer we played far into the night. Ornamental mosaic tiles for my first steps, then in thick socks useful for sliding. The living room with its still-visible scar in the ceiling, the result of boyish games: the barrel of the revolver used to protect me from the evil capitalists got pointed away from my head toward the ceiling just before the forgotten cartridge was discharged. The bedroom with its modernist metal lamp, shining on my first moments in this world – and still there today. In the kitchen, the built-in cabinets, the tiled cast-iron stove with its railings shiny with polish, and the table with the turning washbasins, capable of transformation into a children's house with enough added cardboard. In the bathroom, beside the tub a two-metre-high boiler heated by coal. Splashing in the warm water in the fire-reddened darkness, on the walls reproductions of ice-skaters on Dutch canals, behind the curtain the conversation from the kitchen. Through the inside window, a view of the stairs to the attic, where my first steps always took me, arriving for the summer holidays, upward to the scent of sun-drenched hay and piles of mysterious old objects. In the laundry room, the smell of fermenting cabbage. A half-metre-high cauldron with fire-pit: for apricot jam in the summer, for the pig-slaughter in the winter. Right beside it, a small but well-appointed workshop. Out in the courtyard, a 15-m walnut tree, growing right through the roof of the cowshed. The well that went dry after the water pipes were built. A small gazebo with a broken chair, which in the summer months formed the centre of my world. All throughout the town, I kept meeting people who were close relatives, those summers when we spent our holidays in the upper level of Grandma's. Every morning, the scent of ersatz coffee with a slight taste of real beans. And in a few minutes, flying in through the open window through the curtains, fresh rolls that Grandma had bought on her way to work.

When I think back to all of this, I realise how little of this could ever be captured in any photographs…

Jaromír Čejka

JAROMÍR ČEJKA

Narozen | Born 15. 4. 1947, Miroslav

Maturoval na SPŠ elektrotechnické (1966). Po maturitě vystřídal různá povolání (řidič, osvětlovač, asistent kamery, fotograf). Absolvoval Institut výtvarné fotografie při SČF v Brně (1971–1974). Poté studoval obor fotografie na FAMU v Praze (1976–1983, diplomová práce na téma Pavel Altschul a Světozor v letech 1933–1939).

Od roku 1983 je ve svobodném povolání. Spolupracoval s Art Centrem (dokumentace prací Studia Shape) a po roce 1990 s tiskem (Lidové noviny, Fórum, Přítomnost, Prostor, Zdravotnické noviny, Architekt, Respekt, Literární noviny). Fotograficky dokumentoval venkovské obce pro studie územních plánů (spolupráce s Bohuslavem Blažkem a arch. Ivanem Plickou). Po roce 2000 spolupracoval s ČTK a se Studiem JB v Lomnici nad Popelkou. V letech 2013–2016 pořizoval fotografickou dokumentaci pro projekt Uměleckoprůmyslového musea v Praze „Panelová sídliště v České republice".

Graduated from secondary vocational school for electrical technologies (1966). Afterward, employed in various professions (truck driver, lighting technician, camera assistant, photographer). Completed studies at the Institute of Artistic Photography from the Czechoslovak Photographers' Union in Brno (1971–1974). Then finished a degree in photography at the Film Academy in Prague (1976–1983, thesis topic: Pavel Altschul and the magazine Světozor in 1933–1939).

A freelance photographer since 1983, he has worked with the Art Centre (documentation of the work of Studio Shape) and after 1990 with print media (Lidové noviny, Fórum, Přítomnost, Prostor, Zdravotnické noviny, Architekt, Respekt, Literární noviny). He has worked as well in photographic documentation of rural settlements for land-use planning studies (cooperation with sociologist Bohuslav Blažek and architect Ivan Plicka). After 2000, he began cooperation with the Czech Press Agency (ČTK) and Studio JB in Lomnice nad Popelkou. In 2013–2016, he created the photographic documentation for the "Prefabricated Housing Estates in the Czech Republic" project of the Museum of Decorative Arts in Prague.

Publikace | Publications

Deseti objektivy, (spoluautor | coauthor), Panorama, Praha 1983

Tvář naší země – krajina domova, (spoluautor | coauthor), Studio JB, Lomnice nad Popelkou 2001

Místa hodná paměti, (spoluautor | coauthor), Studio JB, Lomnice nad Popelkou 2002

Český svět – kulisy let 1948–1989, (spoluautor | coauthor), Studio JB, Lomnice nad Popelkou 2008

Když se utopie stane skutečností, (spoluautor | coauthor), Uměleckoprůmyslové museum v Praze 2013

Jižní Město, PositiF, Praha 2014, 2. vyd. Surbanz, Frýdek-Místek 2020

Autorské výstavy | Exhibitions

1975 Dům pánů z Kunštátu, Brno (s Františkem Dominem)

1977 Divadlo v Nerudovce, Praha

1980 Galerie v podloubí, Olomouc

1984 Fotochema, Praha (Sídliště Jižní Město)

1988 Dům pánů z Kunštátu, Brno

1990 Chodovská tvrz, Praha

2003 Moravská galerie v Brně, Ambit Místodržitelského paláce (Stopy 1980–1999)

2006 Galerie Naivní anděl, Kolín (Fotografie 1977–2000)

2007 Malá výstavní síň, Liberec (Stopy 1968–1999)

2014 Dům umění, Opava (Sídliště Jižní Město 1979–1985)

2017 Městská knihovna, Praha-Opatov (Jižní Město)

2018 Činoherní klub, Praha (Ukradené fotografie, s texty Hany Pachtové)

2023 Galerie Fiducia, Ostrava

Jaromír Čejka

STOPY | TRACES

Texty | Texts: Michal Janata, Jaromír Typlt, Jaromír Čejka
Jazyková redakce | Editor: Eva Hrubá
Překlad | Translation: Stephan von Pohl, Martin Tharp
Grafická úprava | Graphic design: Vladimír Vimr
Předtisková příprava | Prepress: Karel Kerlický
Tisk | Printing by: PBtisk, a.s. Příbram
Vydal | Published by: KANT, 2023
www.kant-books.cz

ISBN: 978-80-7437-400-5